辛くておいしい調味料
ハリッサレシピ

- ジェリビ・モンデール（ハンニバル）
- ヤミー
- 重信初江
- 口尾麻美
- サラーム海上
- 上川大助（ロス・バルバドス）

はじめに
どんな料理も引き立てる
話題の万能調味料、ハリッサ

　ハリッサ※は、北アフリカ・チュニジア生まれの、唐辛子調味料です。日本でもすっかり人気になった「クスクス」、「タジン」、「ファラフェルサンド」などの料理に添えられる「赤くて辛いペースト」、というと、ああ、とうなずく方も多いでしょう。北アフリカから、地中海沿岸の国々に渡り、それぞれの国で楽しまれています。
　赤唐辛子の辛さとスパイスがほどよくミックスされた奥深い味わいが魅力です。
　本書は、そのハリッサにスポットを当てたレシピブックです。辛くてスパイシーな調味料は世界に多数ありますが、しっかりとした個性を持ちながら決して主張しすぎない、どんな料理も引き立てる、この調味料の奥深い魅力を探ります。エスニックな味わいだけでなく、しょうゆやみそなどの和の調味料にもよく合い、和洋中、ジャンルを超えて、新しい風味を引き出してくれます。ナチュラルでヘルシーな素材のみで作られていることも魅力で、辛みを生かし、減塩料理も可能です。
　初めてハリッサを使う方にも、すでに使ったことがある方にも楽しんで使いこなしていただけるレシピを、6人の料理家のみなさんに紹介していただきました。スパイシーなものが食べたい夏はもちろん、どの季節でも楽しめるレシピが満載です。ぜひ毎日の食卓で活用してください。

※HARISSAの読みは、本来はフランス語読みのHを発音しない「アリッサ」が正しいのですが、本書では日本語読みのハリッサで統一させていただきます。

写真提供：チュニジア共和国大使館／ONTT

目次 Contents

はじめに ……2
本書について ……6

Part 1
広がるスパイスのハーモニー
北アフリカ生まれの調味料、ハリッサの魅力

ハリッサって何？ ……8

「ハンニバル」
ジェリビ・モンデールさん ……10

- チュビジア風ツナサンド ……11
- シーフードのオジャ ……12
- 魚のフライとハリッサソース ……13
- スパイシーイカめし ……14

Original Harissa Recipe 1
パウダースパイスで作る自家製ハリッサ ……15

- 料理レシピ ……16〜18

Part 2
和洋中どんな料理にも合う
毎日の食卓で楽しむ、ハリッサレシピ

まずはちょい足しハリッサ！

- いつもの調味料にプラスして ……20
- ちょっとトッピングで、新鮮な味わいに ……22
- 定番料理の味つけにプラスして、マンネリ打破 ……24

ヤミーさん
「おつまみにもおかずにもなる簡単エスニック」 ……26

- ハリッサチキンキーマカレー ……27
- スパイシーチキン ……29
- 豚肉とアサリのポルトガル風炒め物 ……31
- スパイシーポテトと卵の春巻き ……33
- エビと春雨の蒸し煮 ……34
- カルツォーネ風揚げ餃子 ……35
- シーフードのスパイシーチャウダー ……36
- いんげんのスパイシーオイル煮 ……37

重信初江さん
「ごはんがすすむ、和風レシピ＆アジアンエスニック」 ……38

- ゴーヤーチャンプルー ハリッサ風味 ……39
- エスニック麻婆豆腐 ……40
- プルコギ風肉野菜炒め ……41
- サバのハリッサみそ煮 ……42
- ハリッサ入りみそバター鍋 ……43
- ラクサ（ココナッツミルク風味のスープ麺）……45
- ラープ（ラオス風ひき肉サラダ）……47

◗ 作り置きできる万能だれ

- ハリッサしょうゆだれ・
刺身とナッツのしょうゆだれかけ …… 48
- ハリッサ入りスイートチリソース・
揚げなすのエスニック風サラダ …… 49

口尾麻美さん
「ワインに合う簡単おつまみとモロッコ風クスクス」…… 50

Original Harissa Recipe 2
ホールスパイスで作るハリッサ …… 51

- エビのピリピリ …… 52
- ピリ辛オイルサーディン …… 53
- ハリッサ入りツファヤのタルティーヌ …… 54
- 厚揚げのハリッサ＆レモングラス風味 …… 55

◗ ハリッサをプラスして作るペースト＆ソース

- ハリッサバター・牛肉のソテー …… 56
- ピリ辛タヒニソース・チキンと豆のサラダ …… 56
- ハリッサチーズディップ・
チーズオンバゲット …… 57
- ハリッサ風味アイオリソース・
プロヴァンス風シーフードプレート …… 57

- チキンと野菜のクスクス …… 59
- イワシのケフタのクスクス …… 60
- クスクスのおいしい蒸し方 …… 61
- ラム肉と野菜のクスクス …… 62
- ひよこ豆とクスクスのタブレ風 …… 63
- ベルベルオムレツ …… 64
- シチリア風パン粉のパスタ …… 65
- ハリラスープ …… 66

Part 3
ホームパーティーのレパートリーにしたい
本場仕込みのアラブ、アフリカ料理

サラーム海上さん
「エキゾチックな中東の味を気軽に家庭でも」…… 68

Original Harissa Recipe 3
イスラエル版ハリッサ …… 69

- アトム …… 70
- 揚げなすの赤と緑の2色ソース …… 71
- 肉だんごとほうれんそうのスープ …… 73
- ベジタリアン・チーキョフテ …… 75
- ファラフェルサンド …… 77
- 簡単ピタパン …… 78
- エルサレム・ミックスグリル …… 79

「ロス・バルバドス」
上川大助・真弓さん
「ベジタリアンも嬉しいアフリカ、アラブ料理」…… 80

Original Harissa Recipe 4
メープルシロップ入りハリッサ …… 81

- オクラのレバノン風 …… 82
- ベジタリアン・キビ …… 83
- フリーケのショルバ …… 85
- モロッコ風春巻き …… 86

手に入りやすいハリッサカタログ …… 87
取材協力店、料理家紹介 …… 90
世界の唐辛子ペースト・ソース …… 92
索引 …… 94

本書について

◆ 本書のレシピは、料理家によって異なるハリッサ（オリジナルまたは市販品）を使用しています。それぞれのハリッサの辛さ、風味は少しずつ異なります。

◆ 各料理家が使用するハリッサの特徴、辛さなどは、最初のページに表をつけていますので比較の目安にしてください。どのハリッサで代用していただいても、大きく味が変わることはありませんが、塩分の量が多少異なったり、また、辛さの感じ方は個人差がありますので、ご自分でご使用するハリッサの味を確認して、量を調整してください。

◆ 表の見方
辛さ、スパイシーさ、甘さ
弱い ←→ 強い

6段階で表示し、右に行くほど強さを表します。これは編集部の試食による独断ですので、あくまでも目安としてください。

◆ ハリッサは、調理中に味つけをするだけでなく、加熱後に味を足してもOKです。最初は少なめのハリッサで味つけし、辛さが足りないようであれば食べる時に足すことをお勧めします。

◆ 手に入りやすいハリッサ、および使用した輸入食材については、入手方法を巻末に掲載しています。

◆ 計量単位は1カップ＝200cc、大さじ＝15cc、小さじ1＝5ccです。電子レンジの加熱時間は、出力600Wを基準にしています。500Wの場合は1.2倍を、700Wの場合は0.8倍を加熱の目安にしてください。機種やサイズによって多少差があります。

◆ オーブントースターの加熱時間は、出力1000Wを基準にしています。機種やサイズによって多少差がありますので、様子を見ながら加熱してください。使用する耐熱容器によっても加熱時間が変わることがあります。

Part 1

広がるスパイスのハーモニー

北アフリカ生まれの調味料、ハリッサの魅力

ハリッサの魅力、素材の持つ力をご紹介します。
ハリッサの故郷、北アフリカ・チュニジアでの使い方やレシピを、
チュニジアレストランのシェフに教えていただきました。

ハリッサって何？ What is Harissa?

北アフリカ・チュニジア生まれのペースト状の唐辛子調味料です。オリーブオイル、赤唐辛子、にんにく、クミン、コリアンダー、キャラウェイなどのスパイス、塩がブレンドされています。レシピの決まりはなく、家庭ごとに好みの味のハリッサが作られていて、時に、トマトペーストやパプリカペースト、バジル、ローズマリー、カルダモンなどのスパイスが加えられることもあります。

ハリッサの特徴

- ◆ 素材はすべて植物性のものなので、ベジタリアン、ヴィーガンの人もOK。
- ◆ 食欲増進、抗菌、代謝アップ、整腸効果などが期待できる（右ページ参照）。
- ◆ 辛いだけではなく、スパイスの複雑な風味やうまみがある。
- ◆ コクのある辛みは、調理の塩分を控えめにしても、物足りなさがないので減塩効果が期待できる。レモンや香味野菜と組み合わせると、より効果的。
- ◆ たくさんのスパイスを揃えなくても、味が決まる。
- ◆ 使われているスパイスは脂溶性のものなので、油で加熱しても風味が消えない。
- ◆ 下ごしらえ、調理中の味つけ、仕上げ、トッピングにと幅広く使える。
- ◆ しょうゆ、みそ、ポン酢などの和の調味料とも相性がよい。

おいしくて美容健康にもいい！ ハリッサの主な素材

オリーブオイル

**果実を絞った健康オイル
オレイン酸で体スッキリ！**

チュニジアは世界第4位のオリーブ生産国。料理にもたっぷり使います。オレイン酸、ポリフェノール、カルシウム、ビタミンEを含み、抗酸化作用、血圧降下、動脈硬化予防、生活習慣病予防、ミネラルの吸収を高める効能が期待されます。

赤唐辛子

**カプサイシンが体を温めて
代謝をよくする効果も**

赤い色と辛みは赤唐辛子。食材の保存効果もあります。カプサイシン、ビタミンA、ビタミンB2、ビタミンE、鉄分、カリウム、食物繊維を含み、体を温めて代謝アップ、減塩効果、コレステロール値抑制、疲労回復効果などが期待されます。

にんにく

**香りが食欲を促し、
疲労回復、滋養強壮効果も。**

古代エジプトの時代から栽培され、その健康効果が認められてきたにんにく。アリシン、ビタミンB1、シクロアリイン、アホエン、ビタミンEを含み、疲労回復、滋養強壮、抗菌・解毒効果、活性酸素の除去、血流促進などが期待されます。

クミン

**カレーなどに使われる
さわやかな風味**

さわやかな香りとほろ苦い味わいの、カレーの代表的スパイス。古代ギリシャの時代から薬用として重宝されました。ビタミンB群、ビタミンC、ビタミンE、葉酸、カリウム、カルシウム、リンなどを含み、鉄分が多いのも特徴です。

キャラウェイ

**ほんのりした甘みがあり、
消化を助ける効果も**

爽快な香りとほんのりとした甘みがあり、カレー店などで口直しに出されることも。消化促進、口臭予防などの効果があります。ビタミンB群、ビタミンC、ビタミンE、ナイアシン、葉酸、カルシウム、リン、マグネシウムなどを含みます。

コリアンダー

**まろやかな香りと辛み。
胃腸の調子を整える効果が**

香菜（パクチー）の種子を乾燥させたもの。葉とは異なる、ほんのりとした柑橘の香りとすっきりとした辛みがあります。健胃・整腸作用、血液浄化、デトックス効果が高く、インドの医学、「アーユルヴェーダ」でも重宝されています。

チュニジア料理店「ハンニバル」オーナーシェフ
ジェリビ・モンデールさん

> ハリッサは、チュニジアでは
> 日本のみそのようなもの。
> 料理に欠かせないし、
> 家庭ごとに味が違います

来日20年。東京でチュニジアの味を伝えるシェフ、モンデールさん。「チュニジアはイタリアに近く、オリーブや果物、地中海の海の幸など食材に恵まれた国。食文化も豊かなんです」。味の決め手となるのがハリッサ。「日本のしょうゆやみそのような存在ですね。スパイスの配合の違いなど、各家庭の味があります」。ハリッサの魅力は、「辛さの中の味の奥行き」だそう。今回は、魚介や卵など、日本人も大好きな素材を使ったチュニジア料理を教えていただきました。

Casse-Croute
チュニジア風ツナサンド

チュニジアのサンドイッチは、バターがわりにハリッサをたっぷり塗ります。具でよく使うのがツナ。ツナとハリッサは相性抜群！ パンは、フォカッチャやベーグルで試してみてください。

✦ 作り方は16ページ

Hannibal's Harissa idea

Ojja
シーフードのオジャ

ハリッサで味つけした野菜のトマト煮に、卵を落としたポピュラーな前菜です。シーフードを入れてちょっと豪華に。野菜だけでも、鶏肉やミートボールなどを入れてもおいしいですよ。

✦ 作り方は16ページ

Tastira
魚のフライと
ハリッサソース

チュニジア人は魚のフライが大好き。つけ合わせは、トマトやきゅうり、ハーブがたっぷり入ったハリッサソース。サラダのようなさっぱりした味わいです。魚はホウボウをよく食べますね。

✦ 作り方は17ページ

Calmars farci
スパイシーイカめし

日本でおなじみのイカめしは、チュニジアでもよく食べる人気のメニューです。イカのうまみと、ハリッサのスパイシーな味わいが絶妙にマッチ。洋風のイカめしをぜひ試してください。

❋ 作り方は18ページ

シェフ直伝 パウダースパイスで作る 自家製ハリッサ

ハリッサの魅力は、唐辛子とスパイスのハーモニー。クミン、コリアンダー、キャラウェイを使うのが基本ですが、ローズマリー、バジルなど、好みのハーブを加えてもOK。

辛み

スパイシーさ

甘み

スパイシーだが、トマトペーストを少し加えたことで、まろやかさも。奥の深い味に。

オリーブをハリッサで和えるだけで、ビールにもワインにも合うおつまみに。「そら豆や枝豆でもおいしいよ」。

材料（できあがり分量約100g）

粉唐辛子	30g
にんにく	5かけ
クミン、コリアンダー、キャラウェイ（すべてパウダー）	各15g
トマトペースト	大さじ1
オリーブオイル	小さじ2
塩、こしょう	各少々
水	小さじ1

作り方

1. にんにくは皮をむき、½に切って芯を取り、1〜2分ゆでこぼす。
2. 1とその他の材料すべてをフードプロセッサーに入れて、2〜3分回す。よく混ざってペースト状になったら、容器に移す。

スパイスの量は好みで増減して。バジルやオレガノ、グリーンオリーブ、ケッパー、パプリカパウダーなどを加えてもおいしい。好みの味を探してください。

How to Preserve? ハリッサの保存方法

ふた付容器に入れて冷蔵庫か、小分けをして冷凍庫へ。冷蔵庫で3カ月保存可能。表面がカビやすいのでオリーブオイルをたらして表面をおおうようにするとよい。

P11-14 の レシピ

チュニジア風ツナサンド（P11）

たっぷりと塗ったハリッサが具材の味を引き立てる

材料（2人分）
- 好みのパン ………………… 2個
- ツナ缶 ……………… 小1缶（80g）
- きゅうり（小）……………… 1本
- トマト（小）………………… 1個
- ゆで卵 ……………………… 1個
- ハリッサ ………………… 大さじ1
- 好みの野菜（付け合わせ）

作り方
1. パンの厚さを½に切り、片面にハリッサを好みの量を塗る。

2. ツナは油を切ってほぐし、きゅうりは斜め薄切りにする、トマトは5mm厚さに輪切りにして塩、こしょうをしておく。ゆで卵は5mm幅にスライスする。
3. パンに具を順番にのせて、はさむ。皿に盛って、好みの野菜を添える。

シーフードのオジャ（P12）

ハリッサ入りトマトソースと卵の相性が抜群

材料（2人分）
- 玉ねぎ ……………………… ½個
- パプリカ（赤）……………… 1個
- セロリ …………… 葉を取って½本
- ズッキーニ（小）…………… 1本
- にんにく ………………… 2かけ
- しめじ …………………… ½パック
- 小エビ ……………………… 4尾
- アサリ、イカの
- 冷凍シーフードミックス …… 150g
- 卵 …………………………… 2個
- 赤唐辛子（輪切り）………… 少々
- ハリッサ ………………… 小さじ1
- トマト缶（カット）… ½缶（200g）
- トマトペースト ………… 大さじ1
- オリーブオイル ………… 大さじ3
- 塩、こしょう ……………… 少々

作り方
1. 野菜は7mm程度の角切りに、にんにくはみじん切りにする。しめじは根元を切ってほぐす。
2. フライパンにオリーブオイルとにんにくと赤唐辛子を入れて弱火にかけ、香りが出たらパプリカを入れてよく炒める。

3. 続けて、玉ねぎ、セロリを加えてさらに炒め、玉ねぎが透き通ったらトマト缶とトマトペースト、ハリッサを加えて煮る。
4. 冷凍のシーフードミックス、ズッキーニ、しめじを加えて、火が通ったらエビを入れる。
5. エビに火が通りすぎないうちに、卵を落として卵に塩、こしょうを振り、ふたをして、卵が半熟になったら火を止める。

6. 器に盛って、ハリッサ（分量外）を添える。

材料（2〜3人分）

ホウボウ	2尾
・ハリッサソース	
玉ねぎ	½個
きゅうり	1本
パプリカ（赤、黄）	各¼個
ピーマン	½個
トマト	1個
ハリッサ	大さじ1
レモン果汁	1個分
白ワインビネガー	大さじ1
ドライミント	小さじ1
塩、こしょう	各少々
オリーブオイル（エクストラバージン）	大さじ1
塩、こしょう、クミンパウダー	各少々
揚げ油	適量

作り方

1. ホウボウは、うろこ、背びれ、胸ひれ、内臓を取り、よく洗って水気をふく。中骨に沿って背に切れ目を入れる。お腹に塩、こしょう、クミンパウダーを振る。
2. ソースの野菜を用意する。トマトは種を取り、5mm角に切る。その他の野菜もすべて5mm角に切り、材料を全部合わせる（食べるまで時間があく時は、トマトと調味料は食べる直前に合わせる）。

3. 揚げ鍋に油を入れ、180℃に熱し、魚を入れてこんがりと揚げる。
4. 魚を皿に盛り、ソースを添える。

One Point Advice!
ホウボウ以外に、白身の切り身の魚でもOK。切り身の場合は片栗粉などを薄くつけて揚げるとくずれません。このソースは、パスタやそうめんなどにもよく合います。

魚のフライとハリッサソース (P13)

フライに添えるほか、焼いた肉や魚にもよく合う

P11-14 の レシピ

スパイシーイカめし（P14）

一度表面を焼いてからソースで煮込むのがコツ

材料（2〜3人分）

イカ	2杯
玉ねぎ	½個
にんにく	1かけ
パセリ	1束（20g）
ピーマン	1個
冷ごはん	茶碗に軽く2杯
粉チーズ（あればパルミジャーノチーズをすりおろす）	70g
トマトペースト	大さじ1
ハリッサ	大さじ1
ひよこ豆（水煮）	50g
ブロッコリー（ゆでたもの・飾り用）	適量
オリーブオイル	適量
塩、こしょう	少々

作り方

1. イカは骨を抜き、内臓と皮を取り除き、耳とゲソはみじん切りにする。玉ねぎ、にんにく、パセリはみじん切りにする。ピーマンは種を取り、縦に8等分に切る。
2. フライパンにオリーブオイル大さじ1を熱し、にんにく、イカの耳とゲソを炒めて取り出す。鍋に残った油と汁は取っておく。
3. ボウルに冷やご飯、**2**とパセリ、粉チーズを加えて混ぜ、軽く塩、こしょうで調味する。
4. イカの胴に**3**を詰め、楊枝で留める。
5. 深めのフライパンにオリーブオイル大さじ1を熱し、**4**を入れて、表面に焼き色をつけて取り出す。
6. **5**のフライパンにオリーブオイルを少々足して、玉ねぎを入れて炒め、透き通ったらピーマンを加えてさっと炒める。
7. トマトペースト、ハリッサ、**2**の鍋の汁、水大さじ2を入れて混ぜ、煮立ったら**5**とひよこ豆を入れてふたをし、弱火で15分煮込む。<u>途中で一度イカを裏返す。水分が足りないようなら適宜水を足す。</u>

8. イカを食べやすく輪切りにして器に盛り、その他の具とソースをかける。好みでゆでたブロッコリーなどを添える。

One Point Advice!

冷やごはんの代わりにレトルトごはんを使っても簡単に作れます。レトルトごはんを電子レンジで1分温めて使用。煮込むと水分を吸って、ちょうど良いごはんの硬さになります。

Part 2

和洋中どんな料理にも合う

毎日の食卓で楽しむ、ハリッサレシピ

毎日の食卓で気軽に楽しめるハリッサを使ったレシピと、
ハリッサと切っても切り離せないクスクスのレシピをご紹介します。
ハリッサがあれば、料理のジャンルを問わずレパートリーが広がります。

まずは…
ちょい足しハリッサ！

ハリッサを初めて使う方のために、
すぐに試せる、ちょい足しレシピをご紹介します。
簡単でおいしくて、やみつきになるはず！

いつもの調味料にプラスして

しょうゆやマヨネーズ、いつもの調味料にほんのひとさじ混ぜるだけで、
ちょっと辛くてコクがある、新しい味を体験できます。
ハリッサの量はお好みで。1人分、小さじ½くらいが目安です。

ハリッサ 小さじ1 + マヨネーズ 大さじ2 → 野菜スティック

マヨネーズにハリッサを混ぜると、ピンク色の万能ソースに。野菜スティックやポテトサラダに。

ハリッサ 小さじ½～1 + しょうゆ 大さじ2 → 刺身、豆腐

わさびの代わりにハリッサを添えて刺身に。豆腐や焼き魚、あらゆる料理に使えます。

ハリッサ 小さじ½～1 + ソース 大さじ2 → ハンバーグ、フライ

中濃ソース、トンカツソース、ウスターソース、どれとも相性抜群。ハンバーグ、フライに。

ハリッサ 小さじ½～1 + ケチャップ 大さじ2 → ピザソース、オムライス

ピリ辛のトマトソースに変身。そのままピザソースに、オムライスやナポリタンにも。

ハリッサ 小さじ½ + ポン酢 大さじ2 → ぎょうざのつけだれ、サラダ

ポン酢や酢とハリッサは相性抜群。ドレッシングに、あらゆるつけだれに、冷奴にも。

ハリッサ 小さじ½ + みそ 大さじ3 → 魚のみそ煮、みそ汁

みそにハリッサを混ぜたものを常備しておくと便利。汁物、煮物、炒め物がパンチのある味に。

ハリッサ 小さじ1 + 焼肉のたれ 大さじ2 → 焼き肉の下味、つけだれ

市販のたれでも自家製でも、いつもの焼肉だれにハリッサをプラス。下味にもつけだれにも。

ハリッサ 小さじ1 + 酒粕 50g → 肉、魚の粕漬け

酒粕を同量の水でゆるめて、ハリッサを少々。魚、肉、野菜、あらゆる粕漬けがより風味豊かに。

ハリッサ 小さじ1 + 浅漬けの素 100mℓ → 漬物

市販の浅漬けの素とハリッサを混ぜて、切った野菜とポリ袋に入れ、よくもんで、即席漬けに。

ハリッサ 小さじ1 + めんつゆ 1人分 → そうめんのたれ

意外なおいしさなのが、「だし」とハリッサ。めんつゆにハリッサを加えたそうめんはおすすめ。

ちょっとトッピングで、新鮮な味わいに

いつもの料理に、ハリッサを添えて新鮮な味わいをどうぞ。
ハリッサの赤色とスパイスの風味が食欲をそそります。
食卓に常備しておくと重宝します。

● 目玉焼き、ゆで卵

卵とハリッサは相性抜群。まずは目玉焼きに添えて。ゆで卵やオムレツ、温泉卵や卵かけごはんにも。

● チーズ

チーズに添えればおしゃれな一品に。ハード、白かび、フレッシュ、どんなチーズにも合います。

● ソーセージ、ウインナー

マスタードの代わりに、またはマスタードとブレンドしてもおいしい。そのままパンにはさんでも。

● 焼き鳥

肉のグリルに最高の調味料。市販の焼き鳥も、ハリッサを添えるとワンランクアップ。

● ピザ

タバスコの代わりにハリッサを添えて。辛さだけでないスパイスの香りがクセになります。

大根おろし
（もみじおろし風）

大根おろしにハリッサを少々混ぜれば、もみじおろし風に。鍋料理に、焼いた油揚げなどにぴったり。

スープ、みそ汁

汁の塩味を控えめにして、ハリッサ少々を混ぜて食べると風味もよく、減塩効果も。

アボカド

アボカドに塩とレモンを少々ふり、ハリッサを添えるか、和えると美味。ハリッサマヨネーズでもOK。

たこ焼き、お好み焼き

ソース、マヨネーズなど好みの調味料とともにハリッサを。ピリ辛風味がぴったりです。

冷奴

しょうゆはもちろん、オリーブオイルと塩とハリッサでもお試しを。好みの薬味をたっぷり添えて。

納豆

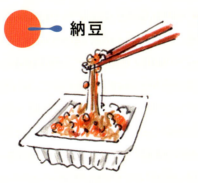

辛子の代わりにハリッサを入れると、意外なおいしさに。タレやしょうゆは少なめでOK。

生牡蠣

生牡蠣、焼き牡蠣などにちょっと添えて。レモンも相性抜群。さわやかな味わいです。

定番料理の味つけに プラスして、 マンネリ打破

いつもの料理の味つけに、ハリッサを加えると味のバリエーションが広がります。
ハリッサの量の目安は、2人分で小さじ½程度。
辛いのが好きなかたはやや多めにどうぞ。
ハリッサの塩味があるので、ほかの塩は控えめに。

焼きそば、焼きうどん

ソースを入れる段階で、ハリッサをプラスしてよく炒めます。ソースの量は少なめにしても。

チャーハン

最後の味つけにハリッサをプラス。どんな具材でもよく合います。塩は控えめでOKです。

野菜炒め

オイスターソースなど中華調味料ともよく合うので、少量をプラス。レバニラ炒めにもぴったり。

ラーメン、冷やし中華

トッピングしたり、具材を炒める時に使ったり。塩、しょうゆ、みそ味、どれもOK。冷やし中華にも。

唐揚げ

肉にハリッサをもみ込み、30分以上置いて粉をつけて揚げます。レモン汁、しょうがなどを加えても。

カレー

カレーを煮込む時に隠し味として、辛味を足したい時に仕上げに。スパイスの風味が際立ちます。

トマトソース、ミートソース

トマトソースとハリッサは相性抜群。具材を炒める時に加えても、ソースと煮込む時に加えても。

しょうが焼き

しょうゆ、酒、はちみつ（またはみりん）、しょうが適量に、ハリッサ少々をプラスして味つけを。

きんぴらごぼう

しょうゆ、酒、みりんの和の定番の味つけに、ハリッサが意外にマッチ。ごはんが進む味に。

アサリの酒蒸し

貝の口が合いたら、仕上げにハリッサを加えてひと混ぜ。パスタのボンゴレソースにもぴったり。

鍋、おでん

鍋、湯豆腐のつけだれやおでんの薬味に。キムチ鍋やトマト鍋など、鍋スープの味つけにも。

Yummy's Harissa idea

おつまみにも おかずにもなる 簡単エスニック

料理研究家
ヤミーさん

> スパイスのブレンド具合が絶妙なので、これだけで味が決まります

ブログやテレビでいち早く、ハリッサの魅力を伝えてきたヤミーさん。「カルディコーヒーファームのハリッサを愛用していますが、辛すぎず万人向き。スパイスの粒つぶ感も残っていて、バランスがいいんです」。おすすめの簡単おつまみは、「薄切りにしたバゲットにハリッサを塗って、オーブントースターでカリカリに焼いたもの」だとか。また、食材の保存にもよく使います。「肉や魚が余ったら、とりあえずハリッサを塗って、冷凍しておきます。そのまま焼いたり、衣をつけて揚げたり、忙しい時に便利です」。

使用ハリッサはコレ！

カルディコーヒーファーム
オリジナル ハリッサ
110g

[パプリカ、菜種油、食塩、にんにく、唐辛子、玉ねぎ、砂糖、醸造酢、ごま、コリアンダー、クミンほか]

辛み
スパイシーさ
甘み

パプリカや玉ねぎが入っているので、辛さは控えめでコクがある。ほどよいスパイス感もよい。

スパイスをいろいろ揃えなくても本格派

10分でできる電子レンジ調理のキーマ

ハリッサ
チキンキーマカレー

材料（2人分）

玉ねぎ	¼個
しょうが（すりおろし）	小さじ1
にんにく（すりおろし）	小さじ1
鶏ひき肉	100g
ハリッサ	大さじ1
カレー粉	小さじ1
トマト缶（カットタイプ）	½缶（200g）
塩	少々
ごはん	茶わん2杯分

作り方

1. 玉ねぎはみじん切りにする。
2. 耐熱ボウルに、**1**としょうが、にんにく、ひき肉、ハリッサを入れてよく混ぜ合わせたら、ラップをかけて電子レンジで3分加熱する。
3. **2**にカレー粉、塩、トマト缶を加えて、再度ラップをかけて、電子レンジで5分加熱する。
4. 器にカレーを盛り、ごはんを添える。パンでもおいしい。

ボウルに材料を入れて、電子レンジで加熱するだけ。

One Point Advice!

カレーが今すぐ食べたい！そんな時にすぐできる、ルーを使わない簡単キーマカレーです。ハリッサをプラスすることでカレー粉だけでは出せない、本格スパイシーな味わいのカレーになります。

ハリッサで手間なし
タンドリーチキン風

スパイシーチキン

オーブントースターでもおいしく焼けます

材料（2人分）

鶏手羽先	6本（約300g）
A　塩	小さじ⅛
ヨーグルト（無糖）	大さじ1
ハリッサ	大さじ1
ズッキーニ	½本
パプリカ	¼個
玉ねぎ	¼個
オリーブオイル	小さじ2

作り方

1. 手羽先は骨に沿って切れ目を入れ、Aをもみ込んで10分以上置く。
2. ズッキーニは、1cm幅の輪切り、パプリカは縦4等分に切る。玉ねぎは1cm幅のくし切りにする。
3. オーブントースターのトレーにアルミ箔を敷き、手羽先を皮目を上にしてのせる。あらかじめ温めたオーブントースターで5分焼く。
4. トレーの空いたところに、オリーブオイルをまぶしたパプリカ、ズッキーニ、玉ねぎを置き、さらに10分焼く。

※オーブンの場合は200度に予熱して同様の焼き時間焼いてください。

鶏肉にハリッサとヨーグルトのたれを、しっかりもみ込んで、できれば30分くらい置くとよい。

One Point Advice!

肉の下味つけに、ハリッサは大活躍。タンドリーチキン風の味つけも、ハリッサを使えば簡単です。ハリッサだけでもおいしいのですが、ヨーグルトを加えてマリネすることで柔らかくジューシーに仕上がります。

肉とアサリの
うまみがぎっしり

豚肉とアサリのポルトガル風炒め物

ハリッサでコクとピリ辛風味をプラス

材料（2人分）

豚ロース肉		200g
A	塩	小さじ⅛
	にんにく（すりおろし）	1片分
	ハリッサ	大さじ1
白ワイン		大さじ2
アサリ		100g
じゃがいも		中1個
オリーブオイル		大さじ2
レモン（くし切り）		4切れ
香菜（ざく切り）		適量

作り方

1. 豚肉をひと口大に切り、Aと白ワインをもみ込んで15分おく。アサリは砂抜きする。じゃがいもは皮付きのままひと口大に切って水にさらす。
2. フライパンにオリーブオイルを入れて中火にかけ、水気をよく切ったじゃがいもをこんがりとするまで焼いて、一度取り出す。
3. 同じフライパンに肉を入れて焼き色がつくまで炒めたら、水気をしっかり切ったアサリと肉のつけ汁を加えてふたをし、アサリが開くまで時々フライパンをゆすりながら加熱する。
4. じゃがいもを加えてさっと混ぜ合わせ、皿に盛り付けてレモンと香菜を飾る。

豚肉に塩とハリッサ、にんにく、白ワインをよくもみ込む。

味がしっかりつくまで、少なくとも15分以上置くのがポイント。

One Point Advice!

ポルトガルのアレンテージョ地方の伝統料理をアレンジ。本来は、マッサ・ピメンタオンという辛くない赤パプリカのペーストで豚肉をマリネしますが、ハリッサでスパイシーに仕上げました。豚とアサリのうまみに、スパイスの風味が溶け込んだ絶妙の味わいに。

切り分けると
半熟卵がトロリと流れて

スパイシーポテトと卵の春巻き

北アフリカのブリック風春巻き

材料（2個分）

じゃがいも	1個
ツナ缶	1缶 (70g)
ハリッサ	大さじ1
春巻きの皮	2枚
卵	2個
オリーブオイル	大さじ2
ベビーリーフ	適量
レモンのくし切り	適量

作り方

1. じゃがいもは皮付きのままラップに包んでレンジで5分ほど加熱し、ボウルにのせたザルで裏ごしする（皮がザルに残るので捨てる）。
2. **1**のボウルに油を切ったツナとハリッサを混ぜ、広げた春巻きの皮の半分にのせる。真ん中をくぼませて卵ものせたら、まわりに水をつけて閉じる。
3. フライパンにオリーブオイルを入れて中火にかけ、**2**を両面こんがりと焼く。

One Point Advice!

チュニジアのファストフード、卵を包んだ揚げ料理です。本場では、パスタに使われるデュラム小麦で作る皮を使いますが、春巻きの皮で手軽に。ハリッサを効かせたスパイシーなポテトに、とろり半熟卵が最高！熱いうちにレモンを絞ってかぶりついてください。

じゃがいもにツナとハリッサを混ぜたものを、春巻きの皮にのせる。

まわりに土手を作るように広げながら、卵を落とすスペースを作る。

くぼみの部分に卵を静かに落とす。

皮のふちに水をつけて、半分に折ってしっかりと閉じる。

端は焦げやすいので、三角形の先を手前に折る（水をつけなくても付く）。

タイ料理のクンオップウンセンを
簡単アレンジ

うまみを吸った春雨は箸が止まらないおいしさ
エビと春雨の蒸し煮

材料（2人分）

ブラックタイガー	6尾
にんにく	1かけ
しょうが	1かけ（親指大）
緑豆春雨	40g
青ねぎ	3本
ハリッサ	大さじ1
A　砂糖	小さじ1
しょうゆ	大さじ1
水	½カップ
サラダ油	大さじ1

作り方

1. ブラックタイガーは尾を残して殻をむき、背に切れ目を入れて背わたを取る。
2. にんにくは半分に切ってつぶし、しょうがは薄切りにする。春雨は水につけておき（完全に戻らなくてOK）食べやすい長さに切る。青ねぎは3cm長さに切る。
3. フライパンにサラダ油とにんにく、しょうがを入れて中火にかけ、香りが立ったらブラックタイガーを加えてさっと炒め、ハリッサを加えてよくからめる。
4. 続けてAを入れて煮立ったら、上に春雨をかぶせるように加え、蓋をして中火で約8分、水分が無くなるまで蒸し煮にする。
5. 火を止め、青ねぎを加えて混ぜ合わせ、器に盛る。

エビの表面の色が変わったら、ハリッサを入れて、からめるようによく炒めて、うまみを出す。

One Point Advice!

スパイシーなタイ料理、クンオップウンセン。クン＝エビ、オップ＝蒸し焼き、ウンセン＝春雨、現地では土鍋を使って蒸し焼きにします。複雑なうまみのソースを吸った春雨は絶品。春雨は煮くずれない緑豆春雨を使ってください。

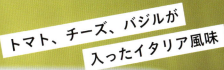
トマト、チーズ、バジルが入ったイタリア風味

ハリッサの味で、何もつけずにそのままパクリ
カルツォーネ風揚げ餃子

材料（8個分）
モッツァレラチーズ	100g
トマト	½個
バジルの葉	8枚
餃子の皮	8枚
ハリッサ	大さじ1
オリーブオイル	適量

作り方
1. モッツァレラチーズは水気を切って1cm角に切る。トマトも1cm角に切って、キッチンペーパーの上にのせて水気を切る。
2. 餃子の皮に、バジル、モッツアレラチーズ、トマト、ハリッサを8等分にしてのせ、ふちに水をつけて半分に折りたたむ。
3. フライパンにオリーブオイルをなべ底から5mm程度入れて中火で熱し、温まったら**2**をこんがりと両面揚げ焼きにする。

※揚げているときに、具の水分が流れ出るとはねるので、具の水分はしっかり切り、皮の綴じ目はしっかりとつけてください。

One Point Advice!
イタリアの包みピザ、カルツォーネ風の味わいの揚げ餃子です。ビールやワインにぴったり。ハリッサを入れることで、味にパンチが効き、何もつけずにそのままでおいしくいただけます。

餃子の皮に、バジルの葉をのせ、チーズ、トマト、ハリッサを置く。

皮のふちに水をつけて、半分に折ってしっかりと閉じる。

Yummy's Harissa idea

魚介のだしと、ハリッサが溶け合うおいしさ

冷凍シーフードミックスで、手軽においしい

シーフードのスパイシーチャウダー

材料（2人分）

じゃがいも（中）	1個
玉ねぎ	¼個
冷凍シーフードミックス	100g
白ワイン	大さじ1
ハリッサ	大さじ1
オリーブオイル	大さじ1
塩	適量
パセリ（みじん切り）	適量

作り方

1. じゃがいもは皮をむいて1cm角に切り、玉ねぎも1cm角に切る。
2. 鍋にオリーブオイルを入れて中火にかけ、すぐにじゃがいもと玉ねぎを加えて炒める。玉ねぎが透明になってきたら、冷凍シーフードミックスを凍ったまま入れて、白ワインとハリッサを加え、ふたをして蒸し煮にする。
3. シーフードが解凍したら、水1½カップを加えて野菜に火が通るまで煮て、最後に味をみて塩で調える。
4. 器に盛り、パセリのみじん切りを散らす。

シーフードミックスは凍ったまま鍋に入れて、白ワインとハリッサで蒸し煮に。

One Point Advice!

簡単にできる具だくさんスープ。味つけはハリッサだけ。シーフードミックスから出るだしとよく合います。トマトを加えてもOK。また、好みで塩の代わりにナンプラーを少々、香草をトッピングするとエスニックな味わいになります。

ハリッサ＋ちょっと砂糖が
味のポイント

野菜がたっぷり食べられます。作り置きにも
いんげんの
スパイシーオイル煮

材料
玉ねぎ	½個
いんげん	100g
ハリッサ	小さじ2
砂糖	小さじ½
オリーブオイル	大さじ3

作り方
1. 玉ねぎは幅1cmのくし切りにする。いんげんはヘタを切り落とす。
2. フライパンにオリーブオイルを入れて、1を入れて火にかける。玉ねぎが透明になるまでしっかり炒める。
3. <u>2</u>にハリッサ、砂糖を加えてからめ、水½カップを加えてふたをして、火を弱め、いんげんが柔らかくなるまで10分ほど蒸し煮にする。

玉ねぎがしんなりしたら、ハリッサ、砂糖、水を加えてじっくり蒸し煮にする。

One Point Advice!
余っている野菜があったら、ハリッサ入りのオイルで蒸し煮にして常備菜に。温かくても冷やしてもおいしく、肉の付け合わせなどにもぴったりです。なすやにんじん、ブロッコリーなどもおいしい。

Yummy's Harissa idea

Hatsue's Harissa idea

ごはんがすすむ 和風レシピ＆ アジアンエスニック

料理研究家
重信初江 さん

> しょうゆやみそと
> 相性がいいし、和食にも
> 使いやすいですね

パリや韓国、マレーシア、中国など、年に数回は食探検の旅に出かける重信さん。「あまり辛いものは得意ではないのだけれど、ハリッサはいろいろな使い方ができるおもしろい調味料ですね」。教えていただいたのは、いつものおかずのアレンジと、アジアンエスニックな味。「豆板醤やコチュジャンを使う料理に、代わりにハリッサを使ってみると、ちょっと新鮮な味が楽しめますよ」。今回使ったハリッサは、チュニジア産の輸入品。「クセのない風味と、溶けやすいペースト状なので和食の調味料に合わせやすいと思います」。

使用ハリッサはコレ！

ジューダ
ハリッサ・ペースト
（チュニジア産）70g

唐辛子、にんにく、コリアンダー、キャラウェイ、塩

辛み

スパイシーさ

甘み

シャープな辛み。みそのようなペースト状なのでソースやたれなどに使いやすい。

夏の定番 ゴーヤーの炒め物に

ハリッサを効かせて、ピリッとおいしく

ゴーヤーチャンプルーハリッサ風味

材料（2人分）

木綿豆腐	大½丁(200g)
ランチョンミート	150g
玉ねぎ	¼個
ゴーヤー	½本
A ハリッサ	小さじ1
A 酒	大さじ1
A しょうゆ	大さじ½
A 塩	少々
サラダ油	小さじ1

作り方

1. 豆腐はキッチンペーパーに包んで15分ほど置き、水切りする。
2. ランチョンミートは食べやすく7〜8mm幅に切る。玉ねぎは薄切りに、ゴーヤーはワタと種を除き5mm幅に切る。Aは混ぜる。
3. フライパンにサラダ油を熱して玉ねぎとランチョンミートを入れ、強めの中火で1〜2分炒め、豆腐を大きめにくずしながら加える。
4. 豆腐が少し色づくまでさらに2分ほど炒め、ゴーヤーとAを加え、ゴーヤーの緑が鮮やかになるまで1分ほど炒める。

たれの材料は、あらかじめよく溶いておくのがポイント。全体に均一に味がなじむ。

One Point Advice!

夏のスタミナ料理、ゴーヤーチャンプルーをハリッサ、しょうゆ、酒で味つけ。辛みとスパイスの風味が食欲をそそります。辛いのが好きな方は、ハリッサの量を増やしても。最後に卵を加えてもOKです。

ハリッサとレモンの風味が食欲をそそる

野菜たっぷりのヘルシーおかず
エスニック麻婆豆腐

材料（2人分）

絹ごし豆腐	1丁（300g）
長ねぎ（白い部分）	¼本
ズッキーニ	½本
パプリカ	¼個
牛豚合いびき肉	200g
サラダ油	小1
A　ハリッサ	大さじ½
ナンプラー	大さじ1
片栗粉	大さじ1
みそ	小さじ1
水	¾カップ
レモン（国産）	輪切り2枚
ごま油	小さじ½

作り方

1. 豆腐はキッチンペーパーに包み、15分ほど置き水切りする。
2. ズッキーニとパプリカはそれぞれ1cm角に、長ねぎは粗みじん切りに、レモンは皮ごと粗みじん切りにする。Aは混ぜておく。

3. フライパンにサラダ油と長ねぎを入れて香りが立つまで中火で炒め、ひき肉を加えてほぐすようにし、焼き色がつくまで2〜3分炒める。
4. ズッキーニとパプリカを加えてさらに炒め、Aを入れてとろみがつくまで混ぜながら煮る。
5. 豆腐を1.5cm角に切って加え、2分ほど煮る。
6. ごま油を回しかけて一混ぜし、火を止める。皿に盛りレモンを散らす。

One Point Advice!
ナンプラーとハリッサを合わせたたれで、さっぱりと仕上げた麻婆豆腐。小さく切ったレモンを散らすのが隠し味。野菜をたっぷり摂れるヘルシーなおかずです。

コチュジャンよりも
スパイシーな風味

韓国風の甘辛たれにも、ハリッサが大活躍
プルコギ風肉野菜炒め

材料（2人分）

牛肉切り落とし	200g
A ハリッサ、しょうゆ	各大さじ1
りんごのすりおろし	1/8個分
砂糖、ごま油	各小さじ1
しょうがのすりおろし	小さじ1/2
塩	少々
豆もやし	1/2袋（100g）
パプリカ	1/4個
にんじん	1/6本
えのきだけ	1/2パック（100g）
せり	30g

作り方

1. ボウルに牛肉とAを入れて、よくもみ込む。
2. 豆もやしはひげ根を（できれば）取る。パプリカとにんじんは千切りにする。えのきは根元を除き長さを半分に切ってほぐす。
3. フライパンに1を入れて強めの中火にし、焦がさないように2分ほど炒める。
4. 2を入れてさらに2分ほど炒め、全体に火が通ってきたら3cm長さに切ったせりを加えてひと混ぜする。

肉に、合わせ調味料をよくもみ込んでおくのがコツ。

One Point Advice!

プルコギは、甘辛いたれで炒め煮した韓国の料理。粉唐辛子やコチュジャンを使いますが、ハリッサで代用してみたら、想像以上に良い味に。りんごのすりおろしを入れるのは、甘みを加えるとともに、肉を柔らかくする効果もあります。

いつものみそ煮が
ちょっとエスニックに

濃い目のたれがごはんにぴったり
サバのハリッサみそ煮

材料（2人分）
サバ	2切れ
長ねぎ	1本
A 水	1カップ
酒	½カップ
みそ	大さじ3
ハリッサ	大さじ½
砂糖	大さじ2

作り方
1. サバは皮に×に包丁目を入れる。長ねぎは3cm長さに切る。
2. 鍋にAを入れて火にかけ、煮立ったところに1を入れ、落としぶたをして弱めの中火で6〜7分煮る。
3. 落としぶたを外し、煮汁に少しとろみがつくまで中火で2分ほど煮詰める。

煮汁がしっかり煮立ったところに、魚を加えること。魚のうまみを逃しません。

One Point Advice!
みそとハリッサの相性は抜群。煮物のほか、みそ炒めにもハリッサを少し加えると風味が増します。みそ6：ハリッサ1くらいの割合で、ハリッサみそを作っておくと便利。豚汁などにもぴったりです。

具材はシンプルに
白菜と豚肉だけ

みそ、バター、ハリッサの相性抜群
ハリッサ入りみそバター鍋

材料（2〜3人分）
白菜	¼個
豚肉しゃぶしゃぶ用	200g
A　みそ	大さじ5
ハリッサ、みりん	各大さじ2
バター	30g
水	4カップ

作り方
1. 白菜は繊維を断つ方向に細切りにしておく。
2. 鍋にAを入れて火にかけ、よく混ぜる。
3. 煮立ったら**1**を適量入れ、肉を1枚ずつ広げて4〜5枚入れる。
4. 火にかけながら煮立ったらいただく。白菜と肉を足しながら食べる。

白菜を入れて煮立ったら、肉を入れて、肉と白菜をいっしょに食べる。適量を足しながら煮る。

One Point Advice!
バターとみそ、ハリッサの味つけで、箸が止まらないおいしさの鍋。白菜は好みであっさり煮ても、クタクタに煮てもおいしい。締めはやはり中華麺で。ハリッサを足して辛めにしても美味。

Hatsue's Harissa idea

東南アジアの旅の味を再現

ラクサ（ココナッツミルク風味のスープ麺）

ココナッツミルク風味のハリッサがよく合う！

材料（2人分）

中華麺	2玉
エビ（小）	8尾
玉ねぎ	¼個
厚揚げ	120g（½枚）
もやし	100g（½袋）
サラダ油	小さじ1
ココナッツミルク	1缶（400g）
ハリッサ	大さじ1
カレー粉	大さじ1
A 水	1カップ
A ナンプラー	大さじ2
A 砂糖	大さじ½
レモン汁	大さじ1
ゆで卵	1個
香菜	1〜2本

作り方

1. エビは尾を1節残して殻をむき、背に包丁で薄く切れ目を入れて背ワタをのぞく。
2. 玉ねぎは薄切りに、厚揚げは半分に切ってから1cm幅に切る。
3. フライパンにサラダ油を熱し、エビと玉ねぎを入れて中火で1分ほど炒め、ハリッサを加え香りが立つまで炒める。
4. カレー粉を加えてサッと炒め、ココナッツミルクとA、厚揚げを加えて煮立て、2分煮る。
5. もやしを加え、再び煮立ったら火を止め、レモン汁を加えて混ぜる。
6. 中華麺をゆでて器に盛り、5をかけ、半分に切ったゆで卵と粗みじん切りの香菜をのせる。

玉ねぎとエビを炒め、ハリッサをプラス。炒めることでスパイスの風味が立つ。

One Point Advice!

ラクサは、シンガポールやマレーシアで食べられている、ココナッツミルクベースの辛いスープ麺。複雑な香辛料使いをしますが、ハリッサとカレー粉、ナンプラーで現地に近い味を再現しました。麺は中華麺でもビーフンでもおいしい。

ごはんや麺に
かけてもおいしい

ラープ（ラオス風ひき肉サラダ）

エスニックな味わいをナンプラーとハリッサで手軽に

材料（2人分）

豚ひき肉	200g
万能ねぎ	4本
紫玉ねぎ	¼個
ミントの葉	10g
A ハリッサ、ナンプラー、レモン汁	各大さじ1
砂糖	大さじ½
キャベツ（レタスでも）	⅛個

作り方

1. 万能ねぎは1.5cm長さに、紫玉ねぎは薄切りにする。ミントは硬い軸を除く。
2. キャベツは芯を取って大きめに切る。
3. 大きめのボウルにAを混ぜておく。
4. なべに水を3カップ入れて火にかけ、沸騰したら酒大さじ2〜3（材料外）と、豚ひき肉を入れて混ぜ、火が通ったら湯をよく切って**2**のボウルに入れる。
5. **1**を加えて混ぜ、キャベツを添える。

ゆでたひき肉を、熱いうちにソースになじませるのがポイント。

One Point Advice!

ラープは、ラオスやタイ東北地方の代表的な惣菜です。ナンプラーとレモン汁、ハリッサでアレンジ。レモンをライムに代えると、いっそう本格的な味わいになります。現地では、煎り米を加えますが、ここでは省きました。ミントのほか、香菜を加えても。

作り置きできる 万能だれ

ごまたっぷりのピリ辛しょうゆ味
ハリッサしょうゆだれ（冷蔵庫で3週間保存可能）

しょうゆだれ
を使って

材料（できあがり量 約150cc）

- しょうゆ …… ⅓カップ
- 長ねぎ（みじん切り） 大さじ2
- 酢 …… ¼カップ
- ごま油 …… 大さじ2
- ハリッサ …… 大さじ½
- 白すりごま …… 大さじ3
- 砂糖 …… 大さじ1

作り方
ボウルなどに材料ををすべて入れ、よく混ぜる。

いつもの刺身がグレードアップ
刺身とナッツの しょうゆだれかけ

作り方
ブリの刺身（さく）150gは5mm幅に切り、皿に並べる。中央に大葉の千切り5枚分を盛り、まわりにしょうゆだれ大さじ2〜3かけ、粗く刻んだピーナッツを散らす。大葉以外にみょうが、貝割れ菜など好みの薬味をたっぷりと。

その他の料理例：冷奴や湯豆腐のたれ、豆腐サラダ、冷しゃぶサラダ、蒸し鶏サラダのドレッシングに、チヂミのつけだれ、鍋のつけだれ、魚の南蛮漬けのたれなどに。

甘すぎないからいろいろ使える
ハリッサ入りスイートチリソース（冷蔵庫で2ヶ月保存可能）

スイートチリソースを使って

材料（できあがり量 約150cc）

- 酢 … 大さじ4
- はちみつ … 大さじ4
- ナンプラー … 大さじ2
- ハリッサ … 大さじ1
- おろしにんにく … 小さじ½
- 塩 … 小さじ¼

作り方
ボウルなどに材料ををすべて入れ、よく混ぜる。

冷やしても味がなじんで美味
揚げなすのエスニック風サラダ

作り方
なす3本は1cm厚さに切って、中温の油で2分ほどカラリと揚げて油を切り、ボウルに入れる。桜エビ10g、紫玉ねぎの薄切り¼個分、プチトマトを半分に切ったもの8個分、スイートチリソース大さじ4を入れて和える。器に盛り、香菜を1cm長さに切ったもの1株分を飾る。

その他の料理例：生春巻きのつけだれに、魚介や肉の炒めものに、鶏・豚の唐揚げのソース、アボカド和えや、野菜の浅漬け、切り干し大根のマリネなどに。

Asami's Harissa idea

ワインに合う簡単おつまみとモロッコ風クスクス

料理研究家、フォトエッセイスト
口尾麻美さん

> ハリッサは自家製を常備。スパイスの香りを楽しんでいます

フランス、モロッコの旅で、ハリッサに出会ったという口尾さん。「クスクスやタジン料理を現地で習っていたのですが、添えられているハリッサも大好きになってしまったんです」。主宰する料理教室で紹介すると大好評だという、ホールスパイスで作る自家製のハリッサはフレッシュな風味。冷蔵庫で常備しているそうです。「ハリッサの魅力のひとつはワインによく合うこと。ほかの唐辛子調味料だと辛さが立ってしまうけれど、ハリッサはスパイス効果で、風味が豊かなんです」。今回は、ワインに合うおつまみやおかずを教えていただきました。

モロッコやパリなど、旅先で買い集めたハリッサの数々。それぞれ味が異なる。

食器類もほとんど海外から持ち帰る。タジン鍋のコレクションも多数。

フレッシュな香り。ホールスパイスで作るスパイシーハリッサ

各地のハリッサを食べ比べて試作を重ね、たどりついたベーシックなレシピを紹介。ホールスパイスを使うのがポイント。

作り方

1. 赤唐辛子をボウルに入れ、お湯を注いで戻し、水気を切る。

2. にんにくは皮をむき、芯を取り除く。

3. フードプロセッサーにAを入れ、少し砕けたら、にんにくを入れさらに撹拌する。

4. 3に1を入れ、さらに撹拌する。

5. ペースト状になったら仕上げに塩、オリーブオイルを入れて混ぜる。

6. よくなじんだら、保存容器に入れ、冷蔵庫で保存する。2〜3カ月保存可能。

辛み ●━━━━◉━
スパイシーさ ●━━━━━◉
甘み ●◉━━━━━

ホールスパイスを使っているのでスパイシー。唐辛子の量は好みで増減してください。

材料（作りやすい分量）

- 赤唐辛子（乾燥・輪切り） …… 50g
- にんにく …… 丸ごと1個（約40g）
- A
  - クミンシード …… 大さじ3
  - コリアンダーシード …… 大さじ3
- 塩 …… 小さじ2
- オリーブオイル …… 大さじ4

Aasami's Harissa idea

香菜が相性抜群。
パンを添えてどうぞ

ハリッサ入りのエビのアヒージョ
エビのピリピリ

材料（2人分）
- エビ ………………………… 10尾
- にんにく ……………………… 1かけ
- オリーブオイル ……………… ½カップ
- ハリッサ ……………………… 小さじ1
- 香菜（刻む）………………… 大さじ2
- 塩 ……………………………… 少々

作り方
1. エビは殻をむいて背わたを取る。にんにくはみじん切りにする。
2. 小さめのフライパンや小鍋にオリーブオイルとにんにくを入れ、弱火にかける。
3. オイルがフツフツとして香りがしてきたら、ハリッサとエビ、塩を入れる。
4. エビに火が通ったら火を止めて、香菜を散らす。

One Point Advice!
スペイン料理の影響も強いモロッコ。アヒージョ風のエビのピリピリは、モロッコの海辺の地域では定番の料理。ハリッサを使ってよりスパイシーな仕上がりに。パンでオイルをすくって。

にんにくの香りが立ってきたら、ハリッサを加える。

エビを並べ入れて弱火で火を通す。加熱しすぎると硬くなるので注意。

缶ごとコトコト。
ビールやワインにぴったり

※ 撮影の演出上、缶のふたを残していますが、実際はすべて外してOKです。

ハリッサとレモンがさわやかな風味
ピリ辛オイルサーディン

材料（1〜2人分）

オイルサーディン（缶）	1缶
パプリカ	¼個
ミニトマト	2個
レモン（輪切り）	1枚
にんにく（みじん切り）	小さじ1
ケッパー	小さじ1
ハリッサ	小さじ1
エルブ・ド・プロヴァンス※（あれば）	少々

※プロヴァンス風のミックスハーブ。スーパーなどで手に入る。

作り方

1. パプリカは種と白い部分を取って5mm角に切り、ミニトマトは4等分、レモンの輪切りは6等分に切る。
2. オイルサーディンの缶を開け、すべての材料をのせて、ガスコンロに網にのせて弱火で加熱する。全体がなじむまで、3〜5分煮る。
3. やけどしないよう気をつけて皿にのせる。缶ごとではなくフライパンや小鍋に入れて煮てもよい。

サーディンの表面を覆うように、ハリッサをのばし、具材を均等にのせる。

One Point Advice!

簡単にできて、ビールやワインのおつまみにぴったり。キャンプなどにもおすすめです。バゲットにも合いますが、これをごはんにのせた「サーディン丼」も美味なので、ぜひお試しを。

Asami's Harissa idea

ピリっと甘辛い
玉ねぎのコンフィチュール

玉ねぎの甘さをハリッサが引き立てる
ハリッサ入りツファヤのタルティーヌ

材料（作りやすい分量）
- 玉ねぎ（中） ………………… 2個
- レーズン ……………………… 大さじ2
- A
  - 砂糖 ………………………… 50g
  - ターメリック（色づけ用。なければ省いても） ……………… 少々
  - バター（またはオリーブオイル） ……………………………… 大さじ1
  - シナモンパウダー ………… 少々
- ハリッサ ……………………… 小さじ1
- バゲット ……………………… 適量

作り方
1. 玉ねぎは薄切りにする。レーズンは水でさっと洗う。
2. フライパンにバターを溶かし、弱火で玉ねぎを炒める。しんなりしてきたら Aを入れ、玉ねぎがあめ色になるまで炒める（焦げないように注意）。
3. 火を止めて、あら熱が取れたら、ハリッサを加えて混ぜる。ハリッサの量はお好みで。
4. 薄く切ったバケットにたっぷりと塗る。チーズにもよく合う。

保存容器に入れて、冷蔵庫で10日ほど保存可能。

One Point Advice!
炒め玉ねぎをレーズンとシナモンで甘く味付けする「ツファヤ」。モロッコのクスクスの付け合わせとして定番ですが、ハリッサを加えてちょっとピリ辛にアレンジ。焼いた肉のソースに、カレーの隠し味にと、いろいろ使えます。

レモングラスと
ハリッサの香りが食欲をそそる

生のレモングラスが手に入ったらぜひ
厚揚げのハリッサ＆レモングラス風味

材料（2人分）

厚揚げ	1枚
A レモングラス（生の白い部分をみじん切り）	2本分
A ハリッサ	小さじ1
A にんにく（みじん切り）	1かけ分
A 塩	小さじ½
A 砂糖	少々
サラダ油	大さじ2
揚げ油	適量
香菜	適量

レモングラスは、根元の白い部分を料理に使う。葉はお茶に。

作り方

1. 厚揚げは2cm角に切って、170〜180℃の油で表面がカリカリになるまで揚げ、油を切っておく。
2. 別のフライパンにサラダ油を熱し、Aを入れて炒める。にんにくが少し色づいてきたら、1の厚揚げを入れて、さっと炒めて火を止める。
3. 皿に盛り、フライパンに残ったソースを上からかけ、香菜を添える。

厚揚げは、油でこんがりと揚げなおす。このひと手間がおいしさの決め手。

One Point Advice!

パリのベトナム料理屋店で食べた味を再現。生のレモングラスは日本ではなかなか手に入りにくいですが、見つけたらぜひ試してほしい味です。レモングラスとハリッサを炒めたスパイシーな味わいは、イカや鶏肉にも合います。

Asami's Harissa idea

ハリッサをプラスして作る ペースト＆ソース

ハリッサを使った、手軽なペーストとソースをご紹介。料理にいろいろと使えて、保存もできるので便利！

ハリッサバターを使って

ハリッサとバターは相性抜群。冷蔵庫に常備しておいて、バター炒めやサンドイッチなどにも。

ハリッサバター
（冷蔵庫で1週間保存可能）

材料（作りやすい分量）
- 無塩バター ……………… 100g
- ハリッサ ………………… 大さじ1
- 塩 ………………………… 小さじ½

作り方
バターは室温に戻し、全部の材料をよく混ぜる。ラップなどで形を作って冷蔵すると使いやすい。

牛肉のソテー ハリッサバター添え
作り方
牛もも肉に軽く塩、こしょうをふり、オリーブオイルをからめ、熱したグリルパンで両面焼く。皿に盛り、ハリッサバターをのせる。

その他の料理例
パンにそのまま塗って。オムレツやピラフを作る時に。きのこのバター炒めに。

ぴり辛タヒニソースを使って

タヒニは中東のごまペースト。日本の練りごまよりもクリーミーな味わい。ゆでしゃぶやゆで野菜に。

ぴり辛タヒニソース
（冷蔵庫で1週間保存可能）

材料（1回分）
- タヒニ（なければ白練りごま） ………………… 大さじ1
- 塩 ………………………… 小さじ½〜1
- ハリッサ、レモン汁 … 各大さじ1
- オリーブオイル、水 … 各大さじ1

作り方
材料をすべてよく混ぜる。硬さは水かオリーブオイルで調整する。

チキンと豆のサラダ
作り方
鶏胸肉をゆでてほぐし、水菜、香菜、アルファルファなど好みの野菜と、ゆでたひよこ豆を混ぜて、ソースをかける。和えてもよい。

その他の料理例
温野菜サラダのドレッシングに。しゃぶしゃぶのたれに。ベイクドポテトのソースに。

白チーズにハリッサを混ぜるだけで、スパイスの効いた奥深い味わいに大変身。ワインがすすむ味です。

ハリッサチーズディップ

（冷蔵庫で2〜3日保存可能）

材料（作りやすい分量）
シェーブルチーズ（クリームチーズや水切りヨーグルトでも）……… 100g
ハリッサ ……………………… 大さじ½

作り方
材料を混ぜ合わせる。練りすぎず、まだらになる程度でOK。

チーズオンバゲット

作り方
シンプルにバゲットにのせて食べる。スティック野菜のディップやサラダに添えてもおいしい。

その他の料理例
パンにのせて焼いても。
オムレツの具材に混ぜて。
アボカドとエビを和えて。

アイオリは南仏の魚のスープに添えられるにんにくマヨネーズ。ハリッサでよりスパイシーに。魚介にぴったり。

ハリッサ風味アイオリソース

（冷蔵庫で1週間保存可能）

材料（2人分）
マヨネーズ ………………… 大さじ3
ハリッサ、にんにく（すりおろし）
 ………………………… 各小さじ1
レモン汁 …………………… 大さじ½

作り方
材料をすべて混ぜ合わせる。

プロヴァンス風シーフードプレート

作り方
ゆでたタラとエビ、ワイン蒸しアサリ、ゆでたじゃがいもといんげんなどを皿に盛り、ソースを添える。

その他の料理例
ポテトサラダの味つけに。
サンドイッチのマヨネーズがわりに。
グリルした白身魚や鶏胸肉に。

ハリッサを溶かしながら
味の変化を楽しんで。

チキンと野菜のクスクス

モロッコの家庭でよく作られるやさしい味

モロッコの家庭では、レモンは鶏肉の臭み取りによく使われる。ひと手間でよりおいしく。

野菜は細長く切る。じゃがいもは煮崩れしないよう、メークインを使って、面取りを。

材料（2〜3人分）

- 鶏骨つき肉 …… 350〜400g
- 玉ねぎ（大）…… ½個
- 好みの野菜（合わせて）…… 400〜500g
  - にんじん（小）…… 1本（約100g）
  - 大根 …… 4cm（約80g）
  - キャベツ（小）…… ¼個
  - じゃがいも（メークイン）…… 2個
  - ズッキーニ …… 1本
  - パプリカ …… 1個
- ひよこ豆（ゆでたもの）…… 100g
- トマト（すりおろす）…… 1〜2個
- A
  - ジンジャーパウダー …… 小さじ1〜2
  - 塩、黒こしょう、にんにく（すりおろす）…… 各小さじ1
  - ターメリック（色づけ用。なければ省いても）…… 少々
- B
  - イタリアンパセリ …… 3本
  - 香菜 …… 3本
  - （束ねてブーケガルニにする。下写真参照）
- オリーブオイル …… 大さじ1
- 塩 …… 少々
- レモン …… ¼個
- クスクス（蒸す・61ページ参照）…… 1カップ分
- ハリッサ …… 適量

イタリアンパセリと香菜を束ねたブーケガルニ。

作り方

1. 鶏肉はさっと水で洗って水気をきり、ボウルに入れ、塩少々とレモンのざく切りを入れてなじませ、30分置く。
2. 玉ねぎはみじん切りに、他の野菜は縦長に切る。大根やにんじんは皮をむいて水につけておくと柔らかくなる。
3. 鍋にオリーブオイルを温め、1の肉を入れて焼き目をつけ、玉ねぎ、Aを加えて炒め、全体がなじんだら水4カップとBを加え、途中アクを取りながら1時間煮る。
4. 火の通りにくい根菜類を先に入れ、10分ほど煮たらその他の野菜を入れる。野菜が柔らかくなったら、トマトのすりおろしを入れ、塩で味を調える。
5. クスクスを皿に敷いた上に具材だけを盛り、スープとハリッサは別添えにする。好みでスープに、ハリッサを溶かしながら食べるのがモロッコ風。

クスクス

セモリナ粉から作られる、世界最小のパスタ。乾燥した状態で売られているので、戻して使う。粒の大きさによっていくつかの種類がある。今回は中粒を使用。

ハリッサを練りこんだ
ケフタは小さく丸めるのがコツ

イワシのケフタのクスクス

ケフタ＝肉だんごをイワシのすり身で

材料（2〜3人分）

・イワシのケフタ

- イワシ ……………… 4尾（200〜250g）
- 塩 …………………… 小さじ½
- こしょう …………… 少々
- A
  - クミン（パウダー）、ハリッサ ……………… 各小さじ1
  - レモン汁 ………… 大さじ½
  - 香菜、イタリアンパセリ（刻む） ……………… 各大さじ1

・野菜

- 大根 ………………… 5cm（約100g）
- にんじん …………… 1本（約150g）
- かぶ ………………… 3個（240g）
- いんげん …………… 7〜8本
- パプリカ …………… ½個

・スープ

- 玉ねぎ（みじん切り） ……………… ½個分
- トマト（すりおろす） ……………… 2個
- トマトペースト …… 小さじ1
- オリーブオイル …… 大さじ1
- B
  - クミン、ジンジャー（パウダー） ……………… 各小さじ1
  - にんにく（すりおろし） … 小さじ1
  - 塩 ………………… 小さじ2
  - こしょう ………… 小さじ1
- ブーケガルニ ……… 1束
  （香菜とイタリアンパセリ各2〜3本を束にする。59ページ参照）
- オリーブオイル …… 大さじ1
- クスクス（蒸す・61ページ参照）
  ……………………… 1カップ分
- 香菜、レモン ……… 適量
- ハリッサ …………… 適量

作り方

1. イワシは頭と内臓を取り除き、手開きにして骨と皮を取る。イワシの身とAをフードプロセッサーにかけペースト状にする。
2. 野菜は食べやすい大きさに切る。
3. スープを作る。鍋にオリーブオイルを入れて中火にかけ、玉ねぎを軽く炒めたら、トマト、トマトペーストを加えてさらに炒め、少量の水で溶いたBを入れて混ぜ、水5カップを加えて煮立たせる。
4. 2の鍋に大根、にんじん、ブーケガルニを入れて数分煮て、ある程度火が通ったら、残りの野菜を入れる。
5. 続けて1のイワシを小さめのだんご状に丸めて鍋に入れて3〜4分煮る。イワシに火が通ったら、塩で味を調える。
6. 皿にクスクスを盛り、5をかける。香菜、レモン、ハリッサを添える。

イワシにハリッサとクミンパウダーを効かせて、魚の臭みなし。丸められる程度のペースト状にする。

One Point Advice!
クスクスは、蒸し器がない場合は、熱湯で蒸らした後（作り方2まで）、フライパンに入れ、弱めの中火にかけ、かき混ぜながらダマがなくなりふわっとするまで、4〜5分加熱します。

クスクスのおいしい蒸し方（モロッコ式）

クスクスは熱湯で戻すだけで食べられますが、蒸すと格段においしくなります。ぜひお試しください。

材料（作りやすい分量・2〜3人分）
クスクス	1カップ
オリーブオイル	大さじ1
塩、こしょう	各少々

作り方

1. ボウルにクスクスと塩、こしょう各少々、オリーブオイルを入れ、熱湯⅔カップを注ぐ。

2. ヘラなどでさっと混ぜ、ラップをして10分置いて蒸らす。

3. クスクスが水分を吸ったら、ヘラでほぐし、ダマにならないように手ですり合わせる。

4. 3を蒸し器に入れて強めの中火にかけ、蒸気が上がってきたらふたをせずに、10分蒸す。

5. ボウルに戻して水分少々を加えてほぐし、粗熱が取れたら手ですりあわせ、再度蒸す、これを2回くりかえすと格段においしくなる。最後にオリーブオイルかバター少々をからめるとよい。

肉と野菜のうまみを
ハリッサがまとめます

ハリッサ入りのスープで
じっくり煮込む
ラム肉と野菜のクスクス

材料（2〜3人分）
- ラム肉（骨付き） ……… 250g
- 玉ねぎ（みじん切り） ……… ½個
- 好みの野菜（合わせて） ……… 400〜500g
  にんじん1本、大根5cm、じゃがいも（メークイン）2個、さつまいも（かぼちゃでも）⅓本、かぶ2個
- ひよこ豆（水煮） ……… ½缶
- オリーブオイル ……… 大さじ3
- ホールトマト ……… ½缶
  （または トマトペースト 大さじ3〜4）
- A
  - ハリッサ ……… 大さじ1
  - コリアンダー、ジンジャー、パプリカ（パウダー）、黒こしょう ……… 各小さじ1
  - ターメリック（色づけ用。なければ省いても） ……… 小さじ¼
  - にんにく（すりおろし）、塩 ……… 各小さじ2
- クスクス（蒸す・61ページ参照） ……… 1カップ分
- オリーブオイル ……… 大さじ1

作り方
1. 鍋にオリーブオイルを入れ、ラム肉を焼く。表面に焼き色がついたら、玉ねぎを加えてよく炒め、Aと水5カップを入れて30分煮込む。
2. 肉がやわらかくなったら、火の通りにくい大根、にんじんなどから野菜を順に入れていく。
3. 具材がやわらかくなったら、塩（分量外）少々で味を調えて火を止める。クスクスと具材を盛った皿にスープを添える。好みで別にハリッサを添える。

One Point Advice!
ハリッサにスパイス数種をプラスした、一層スパイシーな味わいのスープで煮込みます。モロッコでは、おいしく見せるために着色料を使うことがありますが、今回はターメリックを使用。苦味が出るので少量で。牛肉やケフタ（肉だんご）でも美味。

パセリ、香菜、ミントをたっぷり
さわやかな中東のサラダ

ドレッシングにハリッサを効かせて
ひよこ豆とクスクスのタブレ風

クスクスにたっぷりの香味野菜を混ぜたヘルシーなおいしさ。ひよこ豆がアクセントに。

材料（2〜3人分）

- ひよこ豆（水煮） ………… 100g
- クスクス（乾燥） ………… ¼カップ（50g）
- 香菜、パセリ（刻む） ……… 各大さじ2
- ミント（刻む） ……………… 大さじ1
- 赤玉ねぎ（みじん切り） …… 大さじ1
- トマト（角切り） ……………… ½個
- 春菊（みじん切り） ………… 100g
- （ルッコラ、サラダほうれんそうなどでも）

・ドレッシング
- ハリッサ ……………………… 小さじ2
- レモン汁 ……………………… 大さじ2
- オリーブオイル ……………… 大さじ3
- 塩 ……………………………… 小さじ½

作り方

1. ドレッシングの材料をボウルに入れ、とろりとなるまで泡立て器などで混ぜる。クスクスは同量の熱湯で戻しておく（蒸さなくてよい）。
2. ボウルに野菜、ハーブ類、豆、クスクスを入れ、1のドレッシングを入れて合える。
3. 少し置いてなじませ、器に盛る。

One Point Advice!

タブレは本来、たっぷりのパセリをマリネしたレバノン料理。ブルグル（ひき割り小麦、73ページ参照）を加えることも。クスクスを使うのはパリで主流のアレンジです。ハリッサとレモン汁のドレッシングは、どんなサラダにもOK。

Asami's Harissa idea

ふわっと柔らかな モロッコ風のトマトオムレツ

トマトとハリッサで味が決まる
ベルベルオムレツ

材料（2～3人分）
卵	3個
トマト	1個
玉ねぎ	¼個
A　ハリッサ、クミンパウダー	各小さじ1
A　塩	小さじ½
オリーブオイル	大さじ2
イタリアンパセリ（みじん切り）	適量

作り方

1. 玉ねぎ、トマトをみじん切りにする。ボウルに卵をほぐしておく。
2. あればタジンポット（フライパンでもよい）にオリーブオイルを温め、玉ねぎ、トマトを炒め、Aを加える。トマトが煮崩れてソース状になったら、卵液を流し入れ、さっと混ぜ合わせふたをする。
3. 弱火で5分くらい加熱して、卵が半熟になったら火を止め、余熱で火を入れる。フライパンの場合は皿にスライドさせるように移す。イタリアンパセリを散らす。

トマトを煮込んで酸味を飛ばし、ソース状になったところへ卵液を加えて、弱火でじっくりと焼く。

One Point Advice!
北アフリカの先住民族、ベルベル族の卵料理で、トマトとスパイスたっぷりのエキゾチックな味。ハリッサを使えば簡単です。卵液をよく泡立て、トマトソースにサクッと混ぜると、一層ふんわりとした仕上がりに。

通称"貧乏人のパスタ"。パン粉を香ばしく炒めて

香りパン粉にスパイシーさをプラス
シチリア風パン粉のパスタ

材料（2人分）
- パスタ ………… 150g
- ・香りパン粉
  - パン粉 ………… ½カップ
  - オリーブオイル ………… 大さじ1
  - にんにく（みじん切り）………… ¼かけ分
  - ハリッサ ………… 小さじ1
  - 塩 ………… 適量
  - イタリアンパセリ（みじん切り）
    ………… 大さじ2
- ・ソース
  - オリーブオイル ………… 大さじ2〜3
  - にんにく（半分に切る）………… 1かけ
  - アンチョビ ………… 2尾（粗みじんに切る）
- イタリアンパセリ（飾り用）………… 適量
- レモンの皮のすりおろし ………… 少々

作り方

1. 香りパン粉を作る。フライパンにオリーブオイル、にんにくを入れて中火にかけ、香りがしてきたらパン粉を加え、混ぜながらきつね色になるまで炒める。続けてハリッサを加えて混ぜ、火を止める。あら熱が取れたらイタリアンパセリを混ぜる。

2. 鍋にたっぷりの湯を沸かし、塩を入れ、パスタを表示通りの時間でゆでる。その間にソースを作る。

3. フライパンにオリーブオイル、にんにくを入れて火にかけ、香りが立ったらアンチョビを入れ、パスタのゆで汁をお玉½杯くらい入れて混ぜ、ソースを乳化させる。

4. パスタがゆで上がったら、湯を切り、3のフライパンに入れ、ソースをからめて塩で味を調える。

5. パスタを器に盛り、香りパン粉をのせ、イタリアンパセリのみじん切りを散らす。好みでレモンの皮のすりおろしをふってもおいしい。

One Point Advice!

シチリア名物、カリカリに揚げ焼きしたパン粉を、パルミジャーノチーズに見立てた「貧乏人の」パスタ。ハリッサを加えたら、風味がアップしました。硬くなったフランスパンをおろしてパン粉を作るとさらにおいしい！

Asami's Harissa idea

体にやさしい
野菜と豆とパスタのスープ

レモンをたっぷりと
絞って食べる
ハリラスープ

材料（4人分）

- ひよこ豆（水煮缶）……………… 100g
- 赤レンズ豆 ……………………… 100g
- 玉ねぎ …………………………… ½個
- セロリ …………………………… ½本
- トマト缶（ホール）……………… ½缶
- A
  - ターメリック（色づけ用。なければ省いても）……………………… 少々
  - ジンジャーパウダー、塩 ………… 各小さじ1
  - 黒こしょう ……………………… 適量
  - ハリッサ ………………………… 小さじ1
- B
  - 香菜、イタリアンパセリ、セロリの葉（みじん切り）………… 各大さじ2
- オリーブオイル ………………… 大さじ2〜3
- 細めのパスタ …………………… 30g
- レモンのくし切り ……………… 4個
- 香菜（飾り用）…………………… 少々

作り方

1. 玉ねぎはみじん切り、セロリは5mm程度の薄切り、ホールトマトはつぶしておく。
2. 鍋にオリーブオイルを入れて火にかけ、玉ねぎとセロリを炒め、Aを入れさらに炒める。
3. 香りが立ったら、ホールトマト、水6カップ、豆類、Bを入れ、弱火で20分煮る。
4. 豆がやわらかくなったら、ミキサーで全体をなめらかにして、細かく折ったパスタを加えさらに10〜15分煮る。パスタが柔らかくなったら、塩、こしょうで味を調える。
5. 器に盛り、香菜を散らし、レモンを添える。

One Point Advice!
ハリラスープとは、イスラム教徒がラマダン（断食月）明けに食べる、胃に優しくて、栄養たっぷりのスープ。赤レンズ豆は小粒で火が通りやすいので、戻さずそのまま使えます。ハリッサとレモン汁のさわやかな風味は、食欲のない時などにもおすすめです。

Part 3

ホームパーティーのレパートリーにしたい
本場仕込みのアラブ、アフリカ料理

テーブルを囲んでにぎやかに楽しみたい、ハリッサがぴったり合う中東料理、アフリカ料理のレシピをご紹介します。ホームパーティーにぜひ。話がはずむこと請け合いです。

Salam's Harissa idea

エキゾチックな中東の味を気軽に家庭でも

音楽評論家、中東料理研究家
サラーム海上さん

好みのスパイスで、自分流のハリッサを作ってみては？

中東の音楽を紹介する仕事をしながら、現地の食文化の研究に余念がないサラームさん。日本で初のオールカラーの中東料理のレシピブックも出版しました。今回教えてくださるのは、イスラエル版のハリッサで、現地では「スフーグ」という名称のものです。「材料はほぼ同じだし、ハリッサと呼んでいることもあるけれど、クミンは使わないのがチュニジアとの違いかな。カルダモンを効かせて、よりすっきりとした風味になっています」。サラームさんは、このスフーグに香菜とパセリのみじん切りをたっぷりと混ぜたものを、そのままメゼ（前菜）として出すことも多いそうです。

年に数回は中東に出かけ、音楽と食文化のレポートを、ラジオやウェブ、小冊子で発表している。

カルダモン入り！イスラエル版ハリッサ

「スフーグ」と呼ばれるイスラエル版ハリッサ。クミンを使わず、カルダモンを効かせたさわやかな香りが魅力です。パセリや香菜のみじん切りを加えれば、そのまま一品に。

※写真は下のメゼの材料も含みます。

辛み ●●●●●●●●●
スパイシーさ ●●●●●●●●
甘み ●●●●●●●●●●

にんにくが多め。鼻に抜けるカルダモンの香りが豊かで、シャープな辛さ。

材料
（作りやすい分量・できあがり80g）

赤唐辛子（乾燥）	20g
にんにく	3〜4かけ
カルダモンシード	4個
キャラウェイシード	小さじ1
塩	小さじ1
黒こしょう	小さじ½
オリーブオイル	大さじ3〜4

作り方

1. 赤唐辛子は、ボウルに入れ、水に一晩漬けておく。
2. 水気を切り、へたと種を取り、キッチンペーパーでよく水をふきとる。
3. フードプロセッサーにオリーブオイル半量とその他材料を入れ、ペースト状になるまで撹拌する。途中、残りのオリーブオイルを足す。

みじん切りにしたイタリアンパセリと香菜を混ぜ合わせて、スライスレモンを添え、そのまま前菜「メゼ」としても。

Salam's Harissa idea

水切りヨーグルトに
ハリッサオイルをかけて

前菜にぴったりの一皿。パンを添えてどうぞ
アトム

材料（作りやすい分量）
プレーンヨーグルト
　………… 1パック (450g)
にんにく（すりおろす）……… ½かけ分
オリーブオイル ………… 大さじ2
赤唐辛子（乾燥）……… 6本（量は好みで）
ハリッサ ………… 小さじ1〜2
塩 ………… 小さじ½

作り方
1. プレーンヨーグルトはペーパーを敷いたザルなどに入れ、半量になるまで一晩水を切る。
2. 1ににんにくと塩を加えて混ぜ、皿に盛る。スプーンなどで表面にくぼみをつける。
3. 赤唐辛子を刻み（辛さの好みで種を取る）、小さなフライパンにオリーブオイルとともに入れ、弱火にかける。焦がさないようにじっくり揚げるようにし、オイルに香りや赤い色が移ったら、ハリッサを加えてよく混ぜ、火を止める。
4. 2に3を回しかける。バゲットを添える。

赤唐辛子を焦がさないようにじっくりと炒め、ハリッサを加えて混ぜる。

One Point Advice!
夏のトルコで教わった料理。現地では、プル・ビベールというトルコ特有の唐辛子粉を使いますが、ハリッサで代用。「アトム」とは、辛い唐辛子のことを指したり、辛さにパンチがあるといった意味合いで使っているようです。

さっぱり食べられる
トルコ風なすの素揚げ

ハリッサとパセリの色鮮やかなソースで
揚げなすの赤と緑の2色ソース

材料（2〜3人分）
- なす …………………… 4本
- 塩 ……………………… 小さじ1
- 揚げ油 ………………… 適量

・ハリッサトマトソース
- 完熟トマト（皮を湯むきする）…… 1個
- 青唐辛子 ……………… ½本
- ハリッサ ……………… 小さじ1
- スペアミントの葉 …… 数枚
- 塩 ……………………… 少々

・パセリソース
- イタリアンパセリ …… 小1袋
- 赤ワインビネガー …… 大さじ2
- にんにく ……………… 1かけ
- 塩 ……………………… 小さじ½

作り方
1. なすは縞模様に皮をむき、厚さ2cmの輪切りにする。ザルなどに入れ、塩をふりかけて30分置き、アクが出たら流水で洗い、キッチンペーパーで水気を切る。
2. ハリッサトマトソースを作る。トマトは湯むきし、ざく切りに、青唐辛子はヘタと種を取ってみじん切りにする。その他の材料とともにフードプロセッサーに入れ、なめらかになるまで撹拌する。
3. パセリソースを作る。材料をすべてフードプロセッサーに入れて、なめらかになるまで撹拌する。
4. フライパンに揚げ油を1cmほど入れて180℃に温め、なすを並べ入れ、中火で揚げ焼きする。こんがりと色づいたら裏返し、両面を焼く。
5. 焼き上がったなすは、ペーパーにのせて油を切ってから、平皿に並べる。2種類のソースを添える。

One Point Advice!
中東の料理は、たくさんの種類のソースを用意して、味の変化を楽しみます。シンプルな揚げなすに、ピリッと辛い鮮やかな色のソースを添えて。なすは塩をして置き、しっかりとアクと水気を取って、じっくり揚げるのがポイントです。

スパイシーな肉だんご入り
具だくさんスープ

肉だんごとほうれんそうのスープ

ヨーグルトをかけて混ぜながらどうぞ。

材料（約3人分）

・肉だんご

ブルグル（小粒、なければクスクスで）	30g
小麦粉	大さじ2
牛ひき肉（羊肉でも）	50g
トマトペースト	小さじ1
ハリッサ	小さじ1
塩	小さじ½
こしょう	少々

玉ねぎ	1個
にんにく	1かけ
ブラウンレンズ豆	70g
ひよこ豆（水煮）	100g
ほうれんそう	150g
トマトペースト	大さじ2
ハリッサ	小さじ1～2
オレガノ（ドライ）	小さじ2
ローリエ	1枚
チキンブイヨン	½個
オリーブオイル	大さじ2
塩、こしょう	各少々
プレーンヨーグルト	適量

作り方

1. ブルグルはたっぷりの水（分量外）に一度浸し、ザルなどに取り、水分をしっかりと切る。
2. ボウルに**1**とその他の材料をすべて入れ、まとまるまでよく練る。
3. **2**を小さじ山盛り1杯すくい、<u>手のひらで直径3cmのボール状に丸める</u>。バットに打ち粉（分量外）を振り、くっつかないように並べる。
4. 玉ねぎ、にんにくはみじん切りにする。ブラウンレンズ豆は水で洗って、ザルに上げ水気を切る。ひよこ豆も洗って水気を切る。ほうれんそうは食べやすい大きさに切る。
5. 鍋にオリーブオイルを熱し、玉ねぎ、にんにくを炒め、透き通ってきたら、トマトペースト、ハリッサ、オレガノ、ローリエを加え、混ぜながら1分炒める。
6. 続けてレンズ豆と水5カップ、チキンブイヨンを加え、沸騰したら、弱火にしてレンズ豆が柔らかくなるまで40分煮る。
7. 塩、こしょうで調味し、ひよこ豆を加え、5分煮る。**3**の肉だんごとほうれんそうとを加え、さらに5分煮込む。
8. スープを器に盛り、プレーンヨーグルトをトッピングし、オレガノ、あればパプリカパウダーを振る。

One Point Advice!

スパイシーな肉だんごと野菜、豆のうまみが凝縮したスープです。いわゆるミートボールを使った料理は世界各地にありますが、アラビア語圏ではケフタ、キョフテなどと呼ばれているもので、グリル、揚げ、蒸し、ゆで、さまざまに調理します。

ブルグル

トルコでよく食べられる「ひき割り小麦」。クスクスは小麦粉をそぼろ状にして作られるが、ブルグルは小麦を砕いたもの。粒は大小サイズがあるが、今回は小粒を使用。輸入食材店で手に入る。

肉だんごはやや小さめに丸める。そのほうが火の通りが早く、見た目もきれい。この状態で冷凍保存も。

ブルグルを使った
ヘルシーな前菜

ベジタリアン・チーキョフテ

ミントと一緒に葉野菜で巻いてパクリ

材料（約3人分）

・チーキョフテ

ブルグル	½カップ
ハリッサ	小さじ1
にんにく（みじん切り）	1かけ分
万能ねぎ（みじん切り）	1〜2本分
パセリ（みじん切り）	1枝分
レモン汁	½個分
トマトペースト	大さじ½
ビベール・サルチャス※（あれば）	小さじ1
オリーブオイル	大さじ1
グリーンリーフやレタス	適量
スペアミントの葉	1パック
レモン	½個

※トルコのパプリカペースト
なければトマトペーストを増量

作り方

1. オリーブオイル以外のチーキョフテの材料をすべてフードプロセッサーに入れ、よく混ぜ合わせる。スパイスやパセリの香りが立ち、ブルグルが水分を吸ってなじんできたら、オリーブオイルを加え、さらにフードプロセッサーを5分回す。
2. よく混ざったらボウルなどに移し、30分ほど置く。
3. 約20gを手のひらに取り、強く握って、指の形が残るような細長い形を作る。
4. 皿に3と、グリーンリーフやレタス、スペアミントの葉を盛り付け、レモンを添える。ミントと一緒に葉野菜でくるみ、レモンを絞って食べる。

ブルグルを戻さず使い、混ぜ合わせたら少し置いて、水分を吸わせてしっとりさせるのがポイント。

手のひらで握るようにして、指の形をつけて成形する。日本のおにぎりのような感覚。

One Point Advice!

チーは「生」、キョフテは「肉だんご」。トルコ料理で、もともとは生肉を使った焼かないハンバーグのようなものですが、現地でも生肉は敬遠されることが多くなり、ブルグルを代用して作ることが多くなりました。トマトペーストとハリッサで味つけしてスパイシーに。

大人気の味！香ばしい
ひよこ豆のコロッケ

ファラフェルサンド
ハリッサとごまのソースを添えて

材料（3人分）

・ファラフェル

ひよこ豆（乾燥）	120g
ブルグル	25g
にんにく	1かけ
パセリ	2枝
香菜	⅓袋
食パン	½枚
レモン汁	⅓個分
塩	小さじ1
こしょう	小さじ½
ハリッサ	小さじ1
コリアンダーパウダー	小さじ1
重曹	小さじ1
揚げ油	適宜

イスラエル風サラダ（作り方は下記）	大さじ6〜8
タヒニソース（作り方は下記）	適量
ハリッサ	適量
ピタパン（作り方は78ページ）	3枚

作り方

1. ボウルにたっぷりの水を入れて重曹を溶かし、ひよこ豆を一晩浸して戻す。
2. **1**の水気を切り、フードプロセッサーにかけて細かく砕く。ブルグルは熱湯½カップに20分浸して、ザルに上げる。
3. **2**と、その他のすべての材料をフードプロセッサーに入れ、最低5分回して、生地をしっかり練る。30分冷蔵庫で休ませる。
4. **3**をスプーンや手で直径3〜4cm、厚さ2.5cmのコイン型に丸める。この状態で冷凍保存も可能。
5. フライパンに揚げ油を入れ、180℃に熱し、**4**を入れる。中火で3〜4分動かさず、裏がきつね色になったら返し、両面に焼き色を付ける。ペーパーなどで油を切る。
6. ピタパンを半分に切って、ポケット状に広げ、イスラエル風サラダとファラフェルを詰め、ハリッサとタヒニソースを添える。

ピタパンに一緒にはさんで
イスラエル風サラダ

材料（作りやすい分量）

きゅうり	1本
トマト	1個
玉ねぎ	¼個
レタスの葉	3枚
A 酢	小さじ1
オリーブオイル	大さじ1
ザータル※（あれば）	小さじ½
塩	少々

作り方

1. きゅうりは皮をむいて1cmの角切り、トマト、玉ねぎ、レタスの葉も1cmの角切りにして、ボウルに入れる。
2. **A**を合わせたものを加え、よく混ぜる。

※野生のタイムの乾燥を使ったイスラエルのミックスハーブ。タイムやオレガノで代用可。

まろやかなごまのソース
タヒニソース

作り方（作りやすい分量）

ボウルにタヒニ（なければ白練りごま）25gとレモン汁大さじ1を入れ、よく混ぜる。水¼カップを少しずつ加えながら、なめらかなクリーム状になるまで混ぜ合わせ、塩で味を調える。

簡単ピタパン

発酵1回、すぐに焼けておいしさは格別

材料（4枚分）

強力粉	200g
全粒粉	50g
ふすま	30g
ドライイースト	3g
塩	小さじ1
砂糖	小さじ1½
オリーブオイル	大さじ1
水	約150cc

作り方

1. ボウルに材料をすべて入れ、耳たぶくらいの固さになるまで約10分こねる。

2. 生地がまとまったら、ボウルに濡れ布巾をかぶせ、温かい部屋で1時間、約2倍にふくれるまで発酵させる（ホームベーカリーのパン生地発酵コースを使うと簡単）。

3. 生地を四等分して丸い形にし、打ち粉（分量外）を振った台に置いて、麺棒などで直径約16cmに伸ばす。220℃に余熱したオーブンに入れ、6〜7分、ふくらんだら焼き上がり。

両面グリルで簡単に！
ガス台の両面グリルを点火し、3〜5分、庫内を十分に温めてから（ここがコツ）、生地を一枚入れる。3〜5分焼いて、ふくれ上がったら、トングなどで取り出す。

ピタパンにもう１品。
イスラエルの庶民の味

鶏肉、レバー、ハツを
スパイシーに炒めて

エルサレム・ミックスグリル

材料（2〜3人分）

鶏ハツ、レバー	各50g
鶏胸肉	1枚（皮をはがして約200g）
牛乳	適量
玉ねぎ	1個
オリーブオイル	小さじ2
ハリッサ	小さじ1〜2
ターメリックパウダー	小さじ¼
塩、こしょう	各少々
イタリアンパセリ（飾り用）	適量
ピタパン	2枚
タヒニソース（作り方77ページ）	適量

作り方

1. ハツ、レバーは牛乳に数分浸して、水気をふき取る。胸肉とともに、食べやすい大きさに切る。玉ねぎは縦に半分に切り、繊維を断つ方向で1cm幅に切る。

2. フライパンにオリーブオイル半量を熱し、鶏胸肉を入れ、火が通るまでよく炒めて取り出す。続けてハツとレバーも同様にそれぞれ炒め、取り出す。

3. 同じフライパンにオリーブオイルの残りを加えて熱し、玉ねぎを炒める。透き通ったら、2の肉類、ハリッサ、ターメリックパウダーを加え、よく混ぜながら照りが出るまで炒める。塩、こしょうで味を調える。

4. 皿にタヒニソースを敷き、3を盛り、イタリアンパセリを飾る。¼に切ったピタパンを添える。好みでさらにハリッサを添えて。イスラエル風サラダを一緒にはさんでもおいしい。

One Point Advice!

エルサレム・ミックスグリルは、イスラエルの町エルサレムの「マハネ・イェフダ市場」の食堂で生まれたスパイシーな肉料理。今やイスラエルの名物料理です。スパイス類をハリッサで代用すれば手軽に。ピタパンによく合います。

Los Barbados's Harissa idea

ベジタリアンも嬉しいアフリカ、アラブ料理

ロス・バルバドス

上川大助、真弓さん

> ハリッサは、素材の味を引き立てる、おもしろい調味料。

アフリカ、アラブ料理を中心に、ベジタリアン対応の料理も提供している渋谷の人気店ロス・バルバドス。ハリッサとの出会いは「メルゲース（羊肉の辛いソーセージ）のクスクスに添えられていたのを食べたのが最初。北アフリカ、パリでもよく食べられますね」と真弓さん。ロス・バルバドスのオリジナルのハリッサは、メープルシロップを加えたマイルドな風味。「料理自体にけっこうスパイスを使うので、ハリッサのスパイスは控えめ。下味に、煮込みに、いろいろ使います」と大助さん。今回は、生の唐辛子を使った、アフリカの辛い調味料「ピリピリ」も教えていただきました。トッピングなどに使えます。

店内はアフリカの装飾品やレコードジャケット、現地の写真などが飾られ賑やか。

メープルシロップ入り、甘みとコクのある個性的なハリッサ

カイエンヌペッパーを使い、メープルシロップを加えて辛さは控えめ、まろやかな風味がクセになる味

辛み
スパイシーさ
甘み

メープルシロップのほのかな甘さがスパイスの風味を引き立て、辛みをまろやかにまとめている。

材料（作りやすい分量・できあがり約120g）

玉ねぎ（中）	½個
にんにく	1かけ
A　カイエンヌペッパー	大さじ1
トマトペースト	100g
シナモン、クローブ、オールスパイス、キャラウェイ（すべてパウダー）	各小さじ1
メープルシロップ	大さじ1
オリーブオイル	小さじ1～2
塩	少々

作り方

1. 玉ねぎ、にんにくをすりおろす。
2. 小鍋にAと1を入れて混ぜ、水カップ½を加えて弱火にかける。
3. 煮立ったら極弱火にして約30分煮込み、塩を加える。
4. 火を止めて、メープルシロップとオリーブオイルを加える。

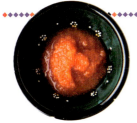

生の唐辛子を使った中南アフリカの調味料

ピリピリ

材料（作りやすい分量）

生唐辛子	100g
玉ねぎ（中）	1個
にんにく	2かけ
トマト缶	1缶（400g）
パームオイル（またはオリーブオイル）	適量
塩	2つまみ

作り方

1. 生唐辛子はヘタを取る。
2. 1と玉ねぎ、にんにく、トマト缶をミキサーにかける。
3. 2を鍋に移し火にかける。パームオイル適量を回しかけ、塩を加える。
4. 沸騰したら極弱火にし、ふたをして30分煮込む。

Los Barbados's Harissa idea

オクラは東北アフリカ原産の野菜

ハリッサ入りのトマトソースでサッと煮て
オクラのレバノン風

材料 (作りやすい分量)

- オクラ ………………… 4〜5パック
- 玉ねぎ (中) ………………… 1個
- にんにく ………………… 1かけ
- トマト缶 (カット) ………………… ½缶
- クミン(ホール)、コリアンダー(パウダー)
  ………………… 各小さじ½
- ハリッサ ………………… 小さじ1〜2
- フランボワーズ ヴィネガー
  (なければ家庭にある酢で) ………… 適量
- オリーブオイル ………………… 適宜
- 塩 ………………… 小さじ1½
- 黒こしょう ………………… 小さじ½

作り方

1. 玉ねぎはせん切りにする。にんにくはみじん切りにする。オクラはへたを取り、長さを半分に切る。
2. フライパンにオリーブオイルをひき、にんにく、玉ねぎを炒める。透き通ってきたら、塩、こしょう、コリアンダーを加えてさらに炒め、茶色っぽくなってきたらクミンを加える。
3. トマト缶を汁ごと入れる。
4. 煮立ったら、ハリッサとヴィネガーを入れ、全体を混ぜる。
5. オクラを加え、5分くらい煮る。煮すぎないこと。

One Point Advice!
レバノン、トルコ、ギリシャなど東地中海沿岸でポピュラーなオクラの煮込み。作り置きでき、温かくても冷やしてもおいしい一品です。クスクスやライスに添えても美味。冷蔵庫で2〜3日保存可能です。

ひき割り小麦やオートミールを使って

ベジミート

小麦たんぱくや大豆から作る、肉の代わりに使えるベジタリアン食材。食感も肉のようで、栄養価も高い。ブロックタイプもある。
取扱：オーサワジャパン

ラスエルハヌート

チュニジアやモロッコで使われるミックススパイス。コリアンダー、キャラウェイ、クローブ、シナモンなどたくさんのスパイスをブレンド。
取扱：デリス・メッド

ベジタリアンのための肉だんご風揚げ物

ベジタリアン・キビ

材料（4～6個分）

玉ねぎ	1個
にんにく	1片
ブルグル	125g
ベジミート（ひき肉タイプ）	100g
オートミール	125g
A　ラスエルハヌート（なければクミン、コリアンダーなど好みのスパイス）	小さじ3
ハリッサ	大さじ1
塩	小さじ1½~2
オリーブオイル	適量
イタリアンパセリ（みじん切り）	少々

作り方

1. 玉ねぎとにんにくは、粗いみじん切りにし、オリーブオイルで炒めて、フードプロセッサーにかける。
2. ボウルにブルグル、ベジミート、細かく砕いたオートミールを入れて混ぜる。さらにAと1を加えて、手でよく練る。
3. 好みの形に丸めて、180℃の油でこんがりと色づくまで揚げる。
4. 皿に盛り、イタリアンパセリのみじん切りを振る。

One Point Advice!

ブルグルとひき肉を使って作るレバノン料理、キビ。ラムや牛肉を使うところをベジミートでベジタリアン仕様に。ピリピリをトッピングしてもおいしい。

Los Barbados's Harissa idea

ハリッサを加えて
風味豊かに

フリーケのショルバ

話題のスーパーフード"フリーケ"を使って

材料（4人分）

ひよこ豆（乾燥）	60g
玉ねぎ（中）	1個
にんにく	大1片
オリーブオイル	大さじ1
塩	小さじ1
トマトピュレ	大さじ2
ハリッサ	小さじ1
ベジタブルブイヨン（固形）	1個
フリーケ	大さじ3
ラスエルハヌート（なければ好みのスパイスで）	小さじ2
香菜の葉、パセリ（刻む）、レモン	適量

作り方

1. ひよこ豆は水に一晩漬けて戻し、あくを取りながら弱火で20〜30分ゆでてそのまま冷ます。
2. 玉ねぎとにんにくはみじん切りにし、オリーブオイルで炒める。塩とラスエルハヌートを加えてさらに炒め、なじんできたら水4カップを入れる。
3. 沸騰したら弱火にし、トマトピュレ、ハリッサ、ブイヨンを加える。
4. フリーケを加え、弱火で30分煮込む。
5. フリーケが柔らかくなったら、水気を切ったひよこ豆を加えてさらに10分煮る（フリーケが焦げつきやすいので、時々よく混ぜる）。
6. 器に盛り、香菜、パセリをのせる。好みでレモンを絞ったり、ハリッサを混ぜながら食べる。

One Point Advice!

ショルバとはスープのこと。ヴィーガン仕様にベジタブルブイヨンを使いましたが、固形スープの素でもOK。フリーケは栄養豊富で香ばしく、おすすめですが、手に入らなければ、ブルグルや細めのパスタなどを入れても。

フリーケ

地中海沿岸のアラブ諸国ではおなじみの食材で、青麦（小麦が青いうちに収穫したもの）をローストして乾燥させたもの。ビタミン、ミネラル豊富で、食物繊維が多く、スーパーフードとして話題。リゾットにしても美味。
取扱：エディット・ジャパン

ベジタブルブイヨン

動物性素材、化学調味料を一切使わない野菜のブイヨン。欧米ではポピュラーだが、日本でも近年人気に。
取扱：アリサン

Los Barbados's Harissa idea

豆腐とオリーブ入りの細長い春巻き

さっぱりと食べやすく、ハリッサと相性抜群
モロッコ風春巻き

材料（10本分）

木綿豆腐	½丁
黒オリーブ	8粒
レモンの塩漬け（なければレモンの皮）	⅛個分
ザータル※（なければドライタイムかオレガノ）	大さじ1
白ごま	大さじ½
塩	適量
春巻の皮	5枚
ハリッサ	適量
揚げ油	適量

※野生のタイムで、オレガノに似た香り。同名のミックスハーブもある。

作り方

1. 豆腐は20分ゆでて湯を切り、キッチンペーパーなどに包んで、ペーパーを替えながら、一晩以上しっかり水切りする。
2. 黒オリーブをみじん切りにする。レモンの塩漬けは皮の部分だけ使う。軽く水洗いし、みじん切りにする。
3. 豆腐をフードプロセッサーにかけて、細かくする。
4. 3をボウルなどに入れ、2、ザータル、白ごま、塩を加えてよく混ぜる。
5. 市販の春巻の皮を対角線で½に切り、4を小さじ2〜3程度のせて巻き、細い春巻を作る。
6. なべに揚げ油を入れて180℃に熱し、5をこんがり揚げて、ハリッサを添える。

One Point Advice!

モロッコや中東でよく見られる（細いたばこのような）春巻き。フェタなどの白チーズを使いますが、ヴィーガン仕様に豆腐を代用した店で人気のメニューです。ハリッサの辛さとコクがよく合い、あとを引くおいしさです。

手に入りやすい ハリッサカタログ

市販のハリッサを購入したい方のために、現在日本で手に入りやすい商品をまとめてみました。好みのハリッサをぜひ見つけてください。

カルディコーヒーファーム
オリジナル ハリッサ

本書で使用

110g

辛み
スパイシーさ
甘み

パプリカや玉ねぎを加え、日本人の食卓に合うようにマイルドに仕上げられた国産ハリッサ。スパイスの風味もバランスよく、初心者におすすめ。

◆◆◆◆◇◇◇◇◇◇

カルディコーヒーファーム
http://www.kaldi.co.jp
お客様相談室 0120-415-023

ジューダ
ハリッサ・ペースト

本書で使用

70g

辛み
スパイシーさ
甘み

本場チュニジア産のベーシックなハリッサ。チュニジアの唐辛子は辛みが強いが、コクと甘みが感じられる。なめらかなペースト状なので使いやすい。缶入り（380g）もある。

◆◆◆◆◆◇◇◇◇◇

輸入元：EMS インターナショナルトレーディング（株）
デリスメッド　http://www.delicemed.jp/

エルカビア
ハリッサ唐辛子ペースト

210ml

辛み
スパイシーさ
甘み

ざっくりと刻んだ唐辛子を使用した、香ばしいコクが特徴のチュニジア産ハリッサ。日本の唐辛子味噌にも近い味わい。辛みは強いが、うまみがあり、料理を引き立てる。

◆◆◆◆◆◇◇◇◇◇

唐辛子、にんにく、コリアンダー、キャラウェイ、食用油、塩

輸入元：EMS インターナショナルトレーディング（株）
デリスメッド　http://www.delicemed.jp/

バルニエール
ハリッサ

辛み
スパイシーさ
甘み

200g

フランスで作られているポピュラーなブランドのハリッサ。玉ねぎが入って、比較的マイルドな仕上がり。なめらかなペースト状。

◆◆◆◆◇◇◇◇◇◇

[唐辛子、にんにく、玉ねぎ、オリーブオイル、香辛料、ひまわりオイル]

Kitchen Garden (楽天市場)
https://www.rakuten.ne.jp/gold/kitchen-garden/

ジャルダン・ド・カルタージュ
ハリッサ・ベルベル 手作り風ハリッサ

辛み
スパイシーさ
甘み

200g

燻製唐辛子と天日干しの唐辛子をブレンドした香ばしさが際立つチュニジア産ハリッサ。完全なペースト状ではなく、ざっくりとした素材感が魅力。

◆◆◆◆◆◆◇◇◇◇

[燻製唐辛子、天日干し唐辛子、にんにく、キャラウェイ、コリアンダー]

輸入元：エム・アンド・ピー株式会社
地中海 (楽天市場)
http://www.rakuten.co.jp/chichukai/

ル・ファール・ドュ・キャップ・ボン
ハリッサ・チューブ入り

辛み
スパイシーさ
甘み

70g

チューブ入りで使いやすいチュニジア産ハリッサ。完全なペースト状、辛みは強いが、ベーシックな味わいなので、さまざまな調味料に合わせやすい。

◆◆◆◆◆◇◇◇◇◇

[唐辛子、にんにく、キャラウェイ、コリアンダー、塩]

輸入元：エム・アンド・ピー株式会社
地中海 (楽天市場)
http://www.rakuten.co.jp/chichukai/

石垣島海のもの山のもの
島ハリッサ

辛み
スパイシーさ
甘み

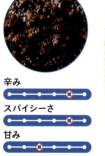
40g

沖縄・石垣島産のハリッサ。石垣島の塩を使用し、健康効果の高い南国のハーブ「ボタンボウフウ (長命草)」、ミントを加えた独特のスパイシーさが魅力。

◆◆◆◆◆◇◇◇◇◇

[オリーブオイル、唐辛子、にんにく、石垣の塩、クミン、長命草、スペアミント]

石垣島海のもの山のもの
https://www.umiyama.org

ユウキ食品（YOUKI）
ハリッサ

辛み
スパイシーさ
甘み

110g

中華調味料を始め、世界各地の調味料を販売しているユウキ食品からもハリッサが登場。使いやすい柔らかなペースト状。

◆◆◆◆◆◇◇◇◇◇

> 唐辛子ペースト、にんにくペースト、オリーブ油、コリアンダー、クミンほか

ユウキ食品株式会社　http://www.youki.co.jp
お客様相談センター　☎ 0120-69-5321
（土・日・祝日を除く 9～17 時）

シュクランキッチン
ハリッサペースト

辛み
スパイシーさ
甘み

45g

モロッコの食材や調味料を扱う、カフェ＆キッチンスタジオ「シュクランキッチン」のオリジナルハリッサ。スパイスの香り豊か。

◆◆◆◆◆◆◇◇◇◇

> コリアンダー、クミン、チリパウダー、パプリカパウダー、ガーリックパウダー、砂糖、キャラウェイ、塩、オリーブオイル

シュクラン　http://shukran-shopping.com
シュクランキッチン
東京都世田谷区用賀4丁目17-7
☎ 03-6805-7821

シュクランキッチン
ハリッサパウダー

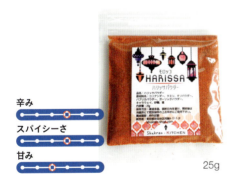

辛み
スパイシーさ
甘み

25g

「シュクランキッチン」の、保存に便利なパウダータイプ。そのまま振りかけたり、まぶしたり、オリーブオイルに混ぜてペーストに。

◆◆◆◆◆◆◇◇◇◇

> コリアンダー、クミン、チリパウダー、パプリカパウダー、ガーリックパウダー、キャラウェイ、砂糖、塩

シュクラン　http://shukran-shopping.com
シュクランキッチン
東京都世田谷区用賀4丁目17-7
☎ 03-6805-7821

輸入食品・その他
取り扱い会社

◆ **クスクス**(59ページ)
カルディコーヒーファーム
http://www.kaldi.co.jp

◆ **フリーケ（フリーカ）**(85ページ)
エディット・ジャパン
http://editjapan.jp

◆ **ブルグル**(73ページ)
エム・アンド・ピー株式会社
地中海
http://www.rakuten.co.jp/chichukai/

◆ **ベジタブルブイヨン**(85ページ)
アリサン
http://alishan-organics.com

◆ **ベジミート**(83ページ)
オーサワジャパン
http://www.ohsawa-japan.co.jp

◆ **ラスエルハヌート**(83ページ)
EMSインターナショナルトレーディング（株）
デリス・メッド
http://www.delicemed.jp

取材協力店、料理家紹介

今回ご協力をいただいたレストラン、料理家のみなさまのご紹介です。
＊レストランでは、本書に掲載している料理が必ずあるとは限りませんので、ご予約の際にお問い合わせください。
＊データは 2017 年 8 月現在のものです。

ハンニバル
ジェリビ・モンデール

チュニジアン・ブルーに彩られた店内は、現地から運ばれたタイルや調度品が飾られ、異国情緒が漂う。オーナーシェフのジェリビ・モンデールさんは、来日20年。チュニジア、フランスでフランス料理を学んだ後、フランスでキャリアを積み、日本へ。フレンチ・レストランのシェフを2年務め、故郷チュニジアの食の豊かさを伝えるべく、独立して店をオープン。確かな腕とセンスで、多くのファンをつかんでいる。

所 東京都新宿区百人町 1 丁目 19−2 大久保ユニオンビル 1F
営 17:00 〜 11:00　休 不定休　☎ 03-6304-0930 (要予約)
WEB http://hannibal.jp

ロス・バルバドス
上川大助・真弓

おしゃれなエリアとして注目されている"奥渋谷（通称オクシブ）"にある、アフリカ料理と音楽を楽しめる店。音楽家でもある上川大助さん、真弓さん夫妻が切り盛りしている。カウンターだけの店内は、アフリカの装飾品や写真がところ狭しと飾られ、大助さんが専門とするコンゴ音楽が雰囲気を盛り上げる。メニューはアフリカ料理を中心に、中東、アラブ料理も。ヴィーガン対応のメニューもあるので、外国人も多い。

所 東京都渋谷区宇田川町 41-26 パピエビル 104
営 12:00 〜 15:00、18:00 〜 23:00
休 日曜　☎ 03-3496-7157 (要予約)
WEB http://www7b.biglobe.ne.jp/~los-barbados/

ヤミー
料理研究家

美術大学を卒業後、テキスタイルデザインの仕事を経て、輸入食材店に勤務。2006年に料理ブログをスタートし、レシピの簡単さとユニークさが大人気に。雑誌やテレビなどで活躍している。著書に『ヤミーのがんばらない毎日ごはん』（宝島社）、『4コマレシピ　ひと目でわかる超絶簡単クッキング』（主婦と生活社）ほか多数。

WEB https://ameblo.jp/3stepcooking/

重信初江 しげのぶ・はつえ
料理研究家

服部栄養専門学校調理士科卒業後、織田調理師専門学校で助手として勤務。料理研究家夏梅美智子氏のアシスタントを務め、独立。雑誌、テレビなどで活躍している。おいしくて簡単、毎日の食卓を楽しくするレシピが好評。著書に、『昔ながらのおかず』（主婦と生活社）、『超詳細！きほんの料理』（成美堂出版）ほか多数。

WEB http://shigehatsu.exblog.jp

口尾麻美 くちお・あさみ
料理研究家、フォトエッセイスト

アパレル会社勤務後、イタリア料理店を経て料理研究家に。フランス、モロッコ、トルコ、バルト三国など、旅先で出会った料理をヒントに、家庭でも再現できるレシピを提案。料理教室「Amazigh（アマジーク）」主宰。著書に『旅するリトアニア』（グラフィック社）、『トルコのパンと粉ものとスープ』（誠文堂新光社）ほか多数。

WEB http://je-suis-amazigh.blogspot.jp

サラーム海上 さらーむ・うながみ
音楽評論家、中東料理研究家

中東やインドを定期的に旅し、現地の音楽シーン、食文化をフィールドワークし続けている。ラジオやクラブのDJ、オープンカレッジでの講義、料理ワークショップ等、多岐に活動中。著書に『MEYHANE TABLE 家メイハネで中東料理パーティー』（LD&K BOOKS）、『イスタンブルで朝食を　オリエントグルメ旅』（双葉社）ほか多数。

WEB http://www.chez-salam.com

世界の唐辛子ペースト・ソース

唐辛子を使った、世界の代表的な辛い調味料をご紹介。旅に出たらぜひ味わってみてください。

北イタリア（カラブリア）

ンドゥーヤ
豚の脂に唐辛子を練り込み、豚の腸に詰めて燻製に。パンに塗ったり、調味料にも。

サルデッラ
塩漬け発酵したシラスと唐辛子、野生のフェンネルを練ったペースト。

トルコ

ビベールサルチャス
パプリカと唐辛子を煮込んで作るソース。

中国

豆板醤（トウバンジャン）
そら豆と唐辛子をすりつぶして発酵させる。

辣椒醤（ラージャオジャン）
唐辛子に山椒、五香粉などを加えて混ぜあわせて作る激辛調味料。

ラー油
唐辛子の辛み成分を油に抽出したもの。

韓国

コチュジャン
もち米麹と唐辛子を発酵させたみそのような調味料。

ヤンニョム
粉唐辛子に、薬味やさまざまな調味料をミックスした合わせ調味料。梨など果物を加えることも。

ジョージア

アジーカ
にんにく、クミン、くるみが特徴。

ブータン

エゼ
唐辛子にトマト、玉ねぎ、花椒入り。白チーズを加えることも。

ポルトガル

ピリピリ
唐辛子入りの辛いオイル。植民地だったアフリカから持ち帰った。

モロッコ / チュニジア

ハリッサ

イスラエル

スフーグ

スペイン

ブラバスソース
パプリカ入りピリ辛トマトソース。ポテトフライに添えられる。

サルサソース
南米発祥の唐辛子ソースは、スペインでも定番。

フランス バスク（エスプレット村）

唐辛子ペースト
バスクの唐辛子で有名なエスプレット村では、ソースやペースト類も豊富。

エチオピア

バレバレ
唐辛子に数種のハーブ、にんにく、しょうがなどをブレンド、加熱して、乾燥させ、粉にする。

モザンビーク

ピリピリ
生の唐辛子を使った、ハリッサによく似た調味料。アフリカ中部以南でよく使われる。

スリランカ

ルヌミリス
モルディブフィッシュ（かつお節の荒削り状）に唐辛子、ライムなどをミックス。

赤唐辛子を壁一面に干す家。

索引 Index

食材別

野菜
- スパイシーポテトと卵の春巻き 33
- いんげんのスパイシーオイル煮 37
- ゴーヤーチャンプルー ハリッサ風味 39
- プルコギ風肉野菜炒め 41
- 揚げなすのエスニック風サラダ 49
- ハリッサ入りツファヤのタルティーヌ 54
- ひよこ豆とクスクスのタブレ風 63
- チキンと豆のサラダ 56
- 揚げなすの赤と緑の2色ソース 71
- オクラのレバノン風 82

魚
- シーフードのオジャ 12
- 魚のフライとハリッサソース 13
- スパイシーイカめし 14
- 豚肉とアサリのポルトガル風炒め物 31
- エビと春雨の蒸し煮 34
- シーフードのスパイシーチャウダー 36
- サバのハリッサみそ煮 42
- 刺身とナッツのしょうゆだれかけ 48
- エビのピリピリ 52
- ピリ辛オイルサーディン 53
- プロヴァンス風シーフードプレート 57
- イワシのケフタのクスクス 60

肉
<鶏>
- ハリッサチキンキーマカレー 27
- スパイシーチキン 29
- チキンと豆のサラダ 56
- チキンと野菜のクスクス 59
- エルサレム・ミックスグリル 79

<牛>
- プルコギ風肉野菜炒め 41
- 牛肉のソテー 56

<豚>
- 豚肉とアサリのポルトガル風炒め物 31
- ハリッサ入りみそバター鍋 43

<合いびき肉>
- ラープ（ラオス風ひき肉サラダ） 47

<ラム>
- ラム肉と野菜のクスクス 62

卵料理
- シーフードのオジャ 12
- スパイシーポテトと卵の春巻き 33
- ベルベルオムレツ 64

乳製品
- カルツォーネ風揚げ餃子 35
- ハリッサバター 56
- ハリッサチーズディップ 57
- アトム 70

豆腐
- ゴーヤーチャンプルー ハリッサ風味 39
- エスニック麻婆豆腐 40
- 厚揚げのハリッサ&レモングラス風味 55
- モロッコ風春巻き 86

豆
- チキンと豆のサラダ 56
- ひよこ豆とクスクスのタブレ風 63
- ハリラスープ 66

調理別

パン
- ファラフェルサンド …… 77
- フリーケのショルバ …… 85

麺
- ラクサ（ココナッツミルク風味のスープ麺）…… 45
- シチリア風パン粉のパスタ …… 65

米、雑穀
- スパイシーイカめし …… 14
- ハリッサチキンキーマカレー …… 27
- チキンと野菜のクスクス …… 59
- イワシのケフタのクスクス …… 60
- ラム肉と野菜のクスクス …… 62
- ひよこ豆とクスクスのタブレ風 …… 63
- ベジタリアン・チーキョフテ …… 75
- ベジタリアン・キビ …… 83
- フリーケのショルバ …… 85

パン
- チュニジア風ツナサンド …… 11
- ハリッサ入りツファヤのタルティーヌ …… 54
- チーズオンバゲット …… 57
- ファラフェルサンド …… 77
- 簡単ピタパン …… 78

サラダ・前菜
- ラープ（ラオス風ひき肉サラダ）…… 47
- 刺身とナッツのしょうゆだれがけ …… 48
- 揚げなすのエスニック風サラダ …… 49
- ピリ辛オイルサーディン …… 53
- ハリッサ入りツファヤのタルティーヌ …… 54
- チキンと豆のサラダ …… 56
- ハリッサチーズディップ …… 57
- プロヴァンス風シーフードプレート …… 57
- ひよこ豆とクスクスのタブレ風 …… 63
- アトム …… 70
- 揚げなすの赤と緑の2色ソース …… 71
- ベジタリアン・チーキョフテ …… 75

炒め物
- 豚肉とアサリのポルトガル風炒め物 …… 31
- ゴーヤーチャンプルー ハリッサ風味 …… 39
- エスニック麻婆豆腐 …… 40
- プルコギ風肉野菜炒め …… 41
- エビのピリピリ …… 52
- エルサレム・ミックスグリル …… 79

煮物
- シーフードのオジャ …… 12
- スパイシーイカめし …… 14
- エビと春雨の蒸し煮 …… 34
- いんげんのスパイシーオイル煮 …… 37
- サバのハリッサみそ煮 …… 42
- オクラのレバノン風 …… 82

揚げ物
- 魚のフライとハリッサソース …… 13
- スパイシーポテトと卵の春巻き …… 33
- カルツォーネ風揚げ餃子 …… 35
- 揚げなすのエスニック風サラダ …… 49
- 厚揚げのハリッサ＆レモングラス風味 …… 55
- ベジタリアン・キビ …… 83
- モロッコ風春巻き …… 86

グリル、蒸し焼き
- スパイシーチキン …… 29
- 牛肉のソテー …… 56
- ベルベルオムレツ …… 64

スープ、鍋
- シーフードのスパイシーチャウダー …… 36
- ハリッサ入りみそバター鍋 …… 43
- チキンと野菜のクスクス …… 59
- イワシのケフタのクスクス …… 60
- ラム肉と野菜のクスクス …… 62
- ハリラスープ …… 66
- 肉だんごとほうれんそうのスープ …… 72
- フリーケのショルバ …… 84

その他
- ハリッサチキンキーマカレー …… 27

オリーブオイル、とうがらし、
スパイスが効(き)く！
減塩(げんえん)や代謝(たいしゃ)を上(あ)げる効果(こうか)も！

辛(から)くておいしい調味料(ちょうみりょう)
ハリッサレシピ

NDC 596

2017年8月14日　発　行

❋ Staff

写真　大社優子

デザイン、装丁、イラストレーション　大橋麻耶

企画・編集　Cous Cous Smile Project、
　　　　　　菅野和子

Cous Cous Smile Project
(クスクス・スマイル・プロジェクト)

クスクスの魅力をもっと知ってもらいたいと、料理研究家・口尾麻美、アフリカ料理店「ロス・バルバドス」上川真弓が立ち上げた"クスクス推進プロジェクト"。クスクスを通して世界の食文化を理解し合うことを目指し、不定期でイベントを開催。クスクスと切り離せないハリッサも紹介してきた。

協力　チュニジア共和国大使館／ONTT

http://www.tunisia.or.jp

(株)Euclid／ユークリッド　http://euclid-inc.jp

編　者　誠文堂新光社(せいぶんどうしんこうしゃ)

発行者　小川雄一

発行所　株式会社 誠文堂新光社
　　　　〒113-0033　東京都文京区本郷3-3-11
　　　　(編集)電話03-5800-5751
　　　　(販売)電話03-5800-5780
　　　　http://www.seibundo-shinkosha.net/

印刷所　株式会社 大熊整美堂

製本所　和光堂 株式会社

© 2017,Seibundo Shinkosha Publishing co.,ltd.

Printed in Japan　検印省略
禁・無断転載
落丁・乱丁本はお取り替え致します。

本書に掲載された記事の著作権は、著作権者に帰属します。これらを無断で使用し、展示・販売・レンタル・講習会などを行うことを禁じます。

本書のコピー、スキャン、デジタル化等の無断複製は、著作権法上での例外を除き、禁じられています。本書を代行業者等の第三者に依頼してスキャンやデジタル化することは、たとえ個人や家庭内での利用であっても著作権法上認められません。

JCOPY ＜(社)出版者著作権管理機構　委託出版物＞

本書を無断で複製複写(コピー)することは、著作権法上での例外を除き、禁じられています。本書をコピーされる場合は、そのつど事前に、(社)出版者著作権管理機構(電話 03-3513-6969／FAX 03-3513-6979／e-mail:info@jcopy.or.jp)の許諾を得てください。

ISBN978-4-416-61779-3